copyright Circuito
edição brasileira© Circuito 2020

organização da coleção Acácio Augusto
edição Jorge Sallum
coedição Suzana Salama
assistência editorial Paulo Henrique Pompermaier e Luca Jinkings
capa Ronaldo Alves
ISBN 978-85-7715-652-8

conselho consultivo Amilcar Parker,
Cecília Coimbra (TNM/RJ e UFF),
Eduardo Sterzi (UNICAMP),
Heliana Conde (UERJ),
Jean Tible (DCP/USP),
João da Mata (SOMA),
Jorge Sallum (Hedra),
Margareth Rago (Unicamp),
Priscila Vieira (UFPR),
Salvador Schavelzon (UNIFESP),
Thiago Rodrigues (UFF)

Grafia atualizada segundo o Acordo Ortográfico da Língua
Portuguesa de 1990, em vigor no Brasil desde 2009.

Dados Internacionais de Catalogação na Publicação – CIP

A923   Augusto, Acácio (organização)
Antifa: modo de usar / Acácio Augusto. – Rio de Janeiro: Circuito, 2020.
(Coleção Ataque)
182 p.

ISBN 978-85-7715-652-8

1. Antifascismo. 2. Anarquismo. 3. Filosofia política. 4. Movimentos sociais.
5. Sistema político. 6. Controle social I. Título. II. Série. III. Bray, Mark.

CDU 329   CDD 320

Direitos reservados em língua
portuguesa somente para o Brasil

EDITORA CIRCUITO LTDA.
Rua Visconde de Inhaúma, 134, grupo 1215 - Centro
20091-007, Rio de Janeiro-RJ, Brasil
Telefone/Fax +55 21 2205 3236

editoracircuito.com.br

Foi feito o depósito legal.

ANTIFA
Modo de usar

Acácio Augusto (*organização*)

1ª edição

hedra
Rio de Janeiro   2020

▷ **Antifa: modo de usar** reúne ensaios, textos e entrevistas de importantes pensadores contemporâneos do anarquismo e do antifascismo, como do historiador americano Mark Bray — especialista no movimento antifascista e uma das principais vozes do momento de luta — e dos pesquisadores e militantes Acácio Augusto, Camila Jourdan, Erick Rosas, Alfredo Bonanno e Matheus Marestoni, compondo um material urgente e essencial para nosso tempo. A ascensão ao poder de uma direita radicalizada, nova sobretudo nos métodos de ação e no uso eficiente das tecnologias modernas, impõe uma reflexão de ordem tática: o que é, hoje, o antifascismo? Como a convulsão social pode organizar-se contra o controle imposto por polícias ultraviolentas? Se por um lado governantes como Jair Bolsonaro ou Donald Trump dispõem de amplo arsenal fático e bélico, a explosão recente de protestos pelo mundo aponta para uma janela de ação, em que a revolta popular também se radicaliza e, literalmente, coloca nações inteiras em chamas.

▷ **Acácio Augusto** é professor no curso de Relações Internacionais da Universidade Federal de São Paulo (EPPEN-UNIFESP) e coordenador do LASInTec/UNIFESP (Laboratório de Análise em Segurança Internacional e Tecnologias de monitoramento). É pesquisador no Nu-Sol (Núcleo de Sociabilidade Libertária) e autor de *Anarquia y lucha antipolítica – ayer y hoy* (Barcelona: NoLibros, 2019), *Política e polícia: cuidados, controles e penalizações de jovens* (Rio de Janeiro: Lamparina, 2013), dentre outros.

Sumário

Introdução 9

NOSSA HISTÓRIA: ANTIFA E ANARCO-PUNK NO BRASIL . 19

Um pouco sobre a história do ACR 21

O Movimento Anarco-Punk e a luta antifascista no Brasil 25

«Aqui para ficar, aqui para lutar» 33

URGÊNCIA DAS RUAS: EMBATES ANTIFAS NO PRESENTE . 69

Não começou ontem, não vai terminar com as eleições 71

Somos todos antifa, menos a polícia 75

Antifa: contra o que e ao lado de quem lutar 89

POLÍTICA, REVOLTA E ANTIPOLÍTICA ANTIFA 95

Bater onde dói... e com força! 97

Antifa não é o problema 109

Somos todos antifascistas? 115

Poesia e antifascismo na América Latina 129

Antifascismo e segurança digital 141

Que fazemos do antifascismo? 155

Anotações: querem nos fazer desejar seu governo
e o porquê não vamos cair nessa provocação 167

A COLEÇÃO ATAQUE *irrompe sob efeito de junho de 2013. Esse acontecimento recente da história das lutas sociais no Brasil, a um só tempo, ecoa combates passados e lança novas dimensões para os enfrentamentos presentes. O critério zero da coleção é o choque com os poderes ocorrido durante as jornadas de junho, mas não só. Busca-se captar ao menos uma pequena parte do fluxo de radicalidade (anti)política que escorre pelo planeta a despeito da tristeza cívica ordenada no discurso da esquerda institucionalizada. Um contrafluxo ao que se convencionou chamar de onda conservadora. Os textos reunidos são, nesse sentido, anárquicos, mas não apenas de autores e temas ligados aos anarquismos. Versam sobre batalhas de rua, grupos de enfrentamento das forças policiais, demolição da forma-prisão que ultrapassa os limites da prisão-prédio. Trazem também análises sobre os modos de controle social e sobre o terror do racismo de Estado. Enfim, temas de enfrentamento com escritas que possuem um alvo. O nome da coleção foi tomado de um antigo selo punk de São Paulo que, em 1985, lançou a coletânea* Ataque Sonoro. *Na capa do disco dois mísseis, um soviético e outro estadunidense, apontam para a cidade de São Paulo, uma metrópole do que ainda se chamava de terceiro mundo. Um anúncio, feito ao estilo audaz dos punks, do que estava em jogo: as forças rivais atuam juntas contra o que não é governado por uma delas. Se a configuração mudou de lá para cá, a lógica e os alvos seguem os mesmos. Diante das mediações e identidades políticas, os textos desta coleção optam pela tática do ataque frontal, conjurando as falsas dicotomias que organizam a estratégia da ordem. Livros curtos para serem levados no bolso, na mochila ou na bolsa, como pedras ou coquetéis molotov. Pensamento-tática que anima o enfrentamento colado à urgência do presente. Ao serem lançados, não se espera desses livros mais do que efeitos de antipoder, como a beleza de exibições pirotécnicas. Não há ordem, programa, receita ou estratégia a serem seguidos. Ao atacar radicalmente a única esperança possível é que se perca o controle e, como isso, dançar com o caos dentro de si. Que as leituras produzam efeitos no seu corpo.*

ACÁCIO AUGUSTO & RENATO REZENDE

Introdução
Fascismo e antifascismo no século XXI

ACÁCIO AUGUSTO

No momento em que o Brasil se torna o epicentro da pandemia do novo coronavírus e os números de contaminados e mortos são cada vez mais assustadores, soa absurdo e anacrônico, considerando o ponto de vista histórico, falarmos em fascismo e antifascimo em pleno século XXI. Mas há bons motivos para que o façamos.

O mundo assiste ao avanço inédito de partidos, movimentos e governantes que exibem modos, símbolos e discursos fascistas, chamados de extrema direita ou *alt-right* (do inglês *alternative right*). Para citar alguns exemplos, há a Frente Nacional Francesa, o Aurora Dourada grego, a PEGIDA alemã, o Partido da Liberdade austríaco, o Partido Lei e Justiça (PiS) polonês, a Liga Norte italiana e governantes ubuescos como Viktor Orbán na Hungria, Volodymyr Zelensky na Ucrânia, Recep Tayyip Erdoğan na Turquia, Rodrigo Duterte nas Filipinas, Jeanine Áñez na Bolívia e Jair Bolsonaro no Brasil. Ainda que possuam trajetórias políticas e modos de ação particulares, são lideranças que compõem um mesmo *modus operandi*.

De outro lado, na Europa e nas Américas, grupos anarquistas e antiautoritários se esforçam há mais de 40 anos em alertar que a política (neo)fascista e (neo)nazista não foi enterrada com a derrota das potências do Eixo na II Guerra Mundial (1939–1945), sendo, portanto, preciso combatê-la. Esses grupos, oriundos da contracultura anarco-punk e do autonomismo europeu, se autodenominam *antifa* ou *fantifa* (feministas antifascistas). Como define o historiador Mark Bray em *Antifa: o manual antifascista* (Autonomia Literária, 2019), o antifascismo contemporâneo é "um método político, um *locus* de autoidentificação individual e de grupo, de um movimento transnacional que adaptou correntes socialistas, anarquistas e comunistas preexistentes à uma súbita necessidade de reagir à ameaça fascista" (p. 30). O que faz da *antifa* contemporânea uma "política nada liberal" (p. 31) e relacionada a movimentos de revolta e/ou revolucionários compostos de associações por afinidade, com atuação regular e numericamente reduzidos.

Embora esses dois motivos sirvam como pano de fundo, a *antifa* virou assunto em todo mundo, em meio à pandemia da Covid-19, primeiramente porque o presidente estadunidense Donald Trump chamou esses grupos de terroristas da "esquerda radical do mal" em um pronunciamento no jardim da Casa Branca, no dia seguinte aos motins de rua que se espalharam por todo o território estadunidense em protesto contra o assassinato pela polícia de George Floyd. As manifestações de rua atacam o racismo sistemático da sociedade — e inerente à atividade policial. Remetem a outros momentos em que um policial branco tirou a vida de uma pessoa negra, como em 2014, no caso do jovem Michel Brown, em Ferguson, Missouri, que à época deu destaque ao movimento *Black Lives Matter*, criado em 2013. Os atos de rua foram puxados pelo movimento negro, mas logo ganharam adesão multitudinária.

INTRODUÇÃO

Em seu pronunciamento, Trump ameaçou usar as Forças Armadas, invocando uma Lei de Insurreição de 1807, alegando que a "nação foi dominada por anarquistas profissionais, multidões violentas, incendiários, saqueadores, criminosos, manifestantes, antifa e outros". Disse-o mesmo não apresentando nenhuma informação consistente de que os saques e depredações ocorridos durante as manifestações em diversos estados dos EUA fossem obra de anarquistas e/ou grupos *antifa*. Na esteira das declarações de Trump, como já é de costume, Jair Bolsonaro e seus filhos, junto aos ativistas e parlamentares bolsonaristas, também deram declarações que visam criminalizar os grupos *antifas* presentes em manifestações de rua.

No domingo, 31 de maio, e na semana seguinte, ocorreram manifestações em diversas capitais do Brasil, convocadas por grupos de torcidas organizadas de futebol pró-democracia. O objetivo foi expressar oposição às regulares manifestações de grupos bolsonaristas que invariavelmente pedem o fechamento do STF e do Congresso Nacional, invocam o Ato Institucional nº 5, de 1968, e conclamam o acionamento, por parte do presidente da República, do artigo 142 da Constituição Federal de 1988, para intervenção militar nos poderes legislativo e judiciário. O deputado federal bolsonarista pelo Rio de Janeiro Daniel Silveira (PSL), ex-policial militar celebrizado por quebrar uma placa com o nome da ex-vereadora Marielle Franco, ao lado do então candidato a governador Wilson Witzel (PSC), apresentou a PL 3019/2020 para alterar a Lei 13.260/2016 (Lei Antiterrorismo). O objetivo da PL é considerar "organização terrorista os grupos denominados antifas (antifascistas) e demais organizações com ideologias similares". Se Trump ameaçou criminalizar por terrorismo a *antifa* dos EUA, como já exigiram os grupos da *alt-right* depois de um episódio na Universidade Berkeley durante palestra do supremacista Milo Yiannopoulos, em

2017, o bolsonarsimo fez disso uma PL no Congresso Nacional daqui.

Uma série de análises poderiam derivar desses episódios. Dentre elas, há um longo e inconcluso debate no campo das Relações Internacionais e do Direito Internacional sobre a plasticidade e o sentido político das definições e da tipificação do "crime" de terrorismo, reanimado desde os atentados de 11 de setembro de 2001. Outra possibilidade seria, a partir da PL 3019/2020, discutir como é possível, numa democracia, encaminhar uma proposta de criminalização de um movimento político dissidente acompanhado do genérico "e demais organizações similares". Mas o que esses acontecimentos revelam é uma questão mais urgente na política contemporânea, não apenas no Brasil, mas em todo o planeta: o sentido do fascismo e do antifascsismo hoje.

A reação virulenta da *alt-right* global, seja de Trump e seus apoiadores, seja do bolsonarismo no Brasil, revela uma verdadeira obsessão pela busca de um inimigo identificável, ainda que construído discursivamente. Como observou Mark Bray, em texto publicado recentemente no *Washington Post*, a *antifa* não é o problema. Trump a usa para distrair a opinião pública do problema central colocado pelas manifestações nos EUA: a violência policial. No caso do Brasil, acusar a *antifa* de terrorismo é criar o inimigo perfeito para mobilizar os aproximadamente 30% que compõem a base eleitoral e política do bolsonarismo. E, claro, também justificar a violenta repressão da polícia a toda e qualquer manifestação de oposição ao governo em curso. Não é, portanto, a presença de *antifas* em manifestações que dispara a virulência discursiva dos bolsonaristas e/ou a violência policial, mas a necessidade de construção de um inimigo que encarne o mal absoluto. Se a *antifa* simplesmente não existisse, criariam outro alvo, como o fizeram em novembro de 2017, quando, diante do SESC Pompéia, tentaram

INTRODUÇÃO

impedir a realização de uma palestra da filósofa Judith Butler sobre "Os fins da democracia". O ato foi liderado pela organização Direita São Paulo, que tem como vice-presidente o deputado estadual de São Paulo Douglas Garcia. Ainda que esses grupos rechacem a designação de fascistas, sua oposição tão estridente revela alguma coisa. Como dizem os mais velhos, se tem bigode de gato, pelo de gato e mia como um gato, um porco que não é. Ou seria?

Ainda que haja um pertinente debate entre pesquisadores das Ciências Humanas sobre a precisão conceitual em caracterizar a *alt-right* global como algo análogo ao fascismo histórico, é justamente o embate nas ruas e no campo discursivo que faz da existência da *antifa*, e o crescente interesse por ela, uma chave analítica para compreender o fascismo no século XXI. A história não se repete, ainda que alguns discordem. Cada acontecimento possui sua singularidade na história das lutas. Logo, ao analista cabe captar as diferenças de uma força política a partir das metamorfoses provocadas pelas lutas para produzir um diagnóstico do presente. Assim, de fato, se buscarmos todas as características do fascismo histórico, dificilmente elas corresponderiam literalmente aos modos e formas da *alt-right* hoje. Mas, se nos voltarmos para o fato de que o fascismo histórico, apesar da derrota militar em 1945, seguiu permeando a política das democracias liberais no pós-guerra, podemos chegar a conclusões outras. Olhemos para os embates do presente em sua expressão mais radical, sem moderações.

Qual a definição da *antifa* contemporânea em relação ao que ela combate sob o nome de fascismo? Segundo Bray, a partir das entrevistas realizadas em sua pesquisa para a redação do livro, os *antifas* não se opõem ao fascismo por ele ser uma política basicamente antiliberal, mas porque os grupo fascistas de hoje, alocados na *alt-right*, promovem:

1. o racismo e a supremacia branca;

2. a misoginia e o sexismo;

3. o autoritarismo e discursos genocidas.

Logo, combatem práticas do presente largamente difundidas pela *alt-right*. No Brasil, grupos anarco-punks, como o ACR (Anarquistas Contra o Racismo), criado em 1993, promovem campanhas regulares de alerta contra essas práticas — especialmente contra grupos de *skinheads*, carecas e *white powers*. Entre os anarco-punks, destacam-se as *Jornadas Antifascistas*, que acontecem regularmente em todo mês de fevereiro, desde o ano 2000. A data foi escolhida porque no dia 6 de fevereiro daquele ano o instrutor de cães Edson Neris da Silva foi espancado até morte por *white powers* na praça da República, em São Paulo, pelo simples fato de estar de mãos dadas com seu namorado.

Episódios como este, que nos anos 1990 e 2000 eram tratados apenas como de preconceito e brigas de gangues, evidenciam hoje, à luz do crescimento da *alt-right* global, que os *antifas* anarco-punks alertavam para um perigo real e para a urgência que tinham em contê-los já em suas primeiras manifestações. Não era briga de gangue, mas sim o fascismo tolerado pela democracia liberal. Ao tratar as manifestações de racismo, homofobia e violência apenas como casos de polícia, deixou-se intocado o risco real e crescente alertado pelos anarco-punks às liberdades e à existência de pessoas diferentes do modelo dominante nas sociedades contemporâneas. A mobilização em torno do caso Edson Neris redundou na criação, em 2006, da Decradi (Delegacia de Crimes Raciais e Delitos de Intolerância da Polícia Civil de São Paulo). Especializada em "crimes de intolerância", sob a divisão de homicídios, a delegacia não fez com que os grupos (neo)fascistas deixassem de existir.

INTRODUÇÃO

Pelo contrário: desde então cresceram, chegando, inclusive, aos legislativos estaduais e federal em todo o Brasil. A conclusão que se tira desse acontecimento menor e seus desdobramentos é que não se combate o fascismo com a polícia e o direito penal, estes só o reforçam em suas manifestações micro ou macro como política de segurança. Os anarco-punks, ao contrário, situavam a questão no campo dos embate frontal, da ação direta.

Chegamos, com isso, à arena na qual se dá a luta entre fascismo e antifascismo no século XXI: as políticas de segurança.

Não é necessário se estender muito para demonstrar a centralidade do tema da segurança nas democracias no pós-II Guerra Mundial, a ponto de produzir no campo das Relações Internacionais a passagem dos Estudos Estratégicos de guerra para o campo da Segurança Interacional. Com o fim da Guerra Fria, vemos a expansão das políticas de segurança, tanto no campo da segurança pública — com programas urbanos como o tolerância zero estadunidense, exportado para o mundo junto ao super-encarceramento, inclusive em governos de esquerda —, quanto no campo da segurança internacional, pela ascensão das políticas de combate ao terrorismo transterritorial, especialmente após o 11 de setembro de 2001. As políticas de guerra às drogas, marcadas pela declaração de guerra de Richard Nixon no fatídico ano de 1973, expressam a junção daquelas duas áreas. Também é amplamente conhecido o fato de que a *alt-right,* em todo o planeta, se viabilizou eleitoralmente com um forte discurso sobre o setor de segurança: seja no Norte, enfatizando o combate ao terrorismo, a política antimigratória, a xenofobia e o racismo; seja no Sul, impulsionando a retórica do combate à criminalidade, à degeneração moral da juventude, etc., além de sua ligação direta com agentes de segurança no campo policial e militar, com generais, capitães, cabos e soldados se tornando celebridades políticas. Nesse sentido, a *alt-right* possuía um terreno preparado para a sua expansão, especialmente após a crise global de 2008. A *alt-right*, ao contrário do que muitos estudiosos do assunto afirmam, não é antipolítica, mas a expressão da política contemporânea levada ao seu paroxismo.

Desde a emergência das revoltas gregas em dezembro de 2008 até os recentes atos antirracistas com presença de antifas nos EUA, um elemento disparador dos motins é comum: a ação da polícia. Na Grécia, ainda que os protestos estivessem direcionados contra as políticas de austeridade do governo, a revolta antipolítica tomou conta das ruas após um policial, Epaminondas Korkoneas, disparar contra um jovem anarquista de ascendência armênia de 15 anos, Aléxandros Andréas Grigorópulos, levando-o à morte.

Não é demais lembrar que as jornadas de junho de 2013, ao menos em São Paulo, foram atos que se iniciaram com os regulares protestos do MPL (Movimento Passe Livre) contra o aumento da passagem e pela tarifa zero, mas que teve o espalhamento da revolta e da indignação marcado pela reação à violência da Polícia Militar no ato do dia 13 de junho de 2013, quando manifestantes e integrantes da imprensa foram gravemente feridos. Também não é fortuito que a proposta de abolição da polícia, antes restrita ao campo dos abolicionistas penais em seus estudos especializados ou proposições políticas, já circula entre os protestos nas ruas dos EUA em cartazes, como os que levam a sigla ACAB ("Todos os Policiais São Bastardos", em português). E aqui demos a volta completa, pois o uso dessa sigla provém precisamente da contracultura de rua dos anarco-punks, *skinheads* antifa e torcidas de futebol antifa europeus, como alguns grupos hooligans e ultras.

O fascismo e o antifascismo do século XXI deve ser observado em torno das políticas de segurança. Mais do que isso, o fascismo se realiza, em sua metamorfose contemporânea, na centralidade que as democracias concederam às variadas formas de securitiza-

INTRODUÇÃO

ção, judicialização com regulação de direitos de minoria e penalizações a céu aberto, no interior da governamentalidade planetária, que Edson Passetti nomeou de *ecopolítica* como segurança do vivo no planeta (Editora Hedra, 2019). E como, de fato, a história não se repete, não é exatamente preciso chamarmos esses regimes de fascistas. Em nosso laboratório no Departamento de Relações Internacionais da UNIFESP, o LASINTEC, chamamos de "democracias securitárias". As expressões da extrema direita hoje são antidemocráticas, quando se pensa no que deveria ser uma democracia. Mas quando observamos a ascensão eleitoral desses grupos em países democráticos, não seria um absurdo questionar se esta não seria a forma contemporânea da democracia realmente existente, e se, em vez de defendê-la, não seria o caso de pensar em ultrapassá-la.

A revolta das pessoas comuns, anônimas entre praticantes da tática *black bloc* e grupos *antifa*, contra as mortes perpetradas por agentes de segurança é o fogo da antipolítica contra as políticas de segurança, fogo que foi reanimado após a crise de 2008 entre gregos, mesmo solo no qual o filósofo pré-socrático Heráclito, na Antiguidade, alertou: *o fogo realiza*. Fogo!

NOSSA HISTÓRIA: ANTIFA E ANARCO-PUNK NO BRASIL

Um pouco sobre a história do ACR – Anarquistas Contra o Racismo[*]

Criado entre o final de 1992 e o começo de 1993, o Projeto ACR foi idealizado e hoje é tocado por anarquistas, e sobretudo por militantes do MAP (Movimento Anarco-Punk), embora esteja aberto à participação de todos.

O movimento anarco-punk já tinha a luta antifascista e antirracista como uma de suas bandeiras de luta antes da idealização do ACR; cada localidade onde o MAP existia já vinha desenvolvendo um trabalho dentro da luta antifascista e antirracista, porém, devido às dificuldades existentes na época, ele era desenvolvido de forma superficial, completamente desconectado dos movimentos sociais que também desenvolviam a luta antirracista e sem contato com as "minorias" étnicas e de gênero atingidas pelo preconceito, discriminação e pelo racismo.

Mesmo entre os núcleos do MAP, o trabalho antirracista carecia de estruturação orgânica, coesão e de intercâmbio internuclear. A partir desta análise, alguns indivíduos de São Paulo que não participavam necessariamente dos mesmos coletivos iniciaram uma articulação local que transformou-se no que hoje é o Projeto ACR.

---

[*]. Originalmente publicado no site *anarcopunk.org* em 2017.

Desde o início já tínhamos clara a opção por organizar um projeto, um trabalho em conjunto, uma ideia que tivesse fácil circulação entre os coletivos e entre os vários indivíduos. O primeiro panfleto surgiu quando ia ser realizado um pedágio para arrecadar fundos para realizarmos algumas atividades. Este panfleto, de março de 1993, refletia nosso repúdio ao racismo cotidiano e em especial às ações cometidas no ano anterior pelos *white powers*, e foi assinado como "Anarquistas na Rua Contra o Racismo".

Em abril do mesmo ano, um adolescente negro de 15 anos foi morto pelo grupo nazifascista "carecas do ABC", na região de São Bernardo do Campo na grande São Paulo. Os movimentos sociais antirracistas, que já haviam se reunido em outubro de 1992 em repúdio ao ataque dos *white powers* à Rádio Atual (de programação dirigida à comunidade nordestina em São Paulo) e em protesto ao programa "Documento Especial" que deu voz aos neonazistas de São Paulo, voltam a se reunir em abril de 1993 sob um clima de indignação e revolta face a mais um assassinato. Esboça-se na cidade de São Paulo a criação de um amplo fórum multiétnico, suprapolítico e multicultural contra a ação dos neonazistas, e nós, enquanto anarco-punks, e com o embrionário panfleto, participamos das discussões.

Vários segmentos da sociedade estavam ali representados: movimentos negros, mulheres, nordestinos, organizações judaicas, grupos de pesquisa, movimentos populares e sociais entre outros.

A reunião deu-se no Conselho Participativo da Comunidade Negra de São Paulo e marcou para nós o início de nossos trabalhos a nível de ACR e o lançamento da pedra fundamental para direcionarmos nosso trabalho para uma inserção social enquanto militantes anarquistas/anarco-punks na luta contra o racismo, preconceito e a discriminação em geral. O resultado dessa reunião foi a realização de uma grande passeata com mais de 4 mil pessoas

A HISTÓRIA DO ACR

no dia 13 de maio de 1993. Panfletos e carros de som repudiavam a ação dos neonazistas, clamavam por justiça e alguns juravam vingança. Passada a indignação inicial, os meios de comunicação deixaram de divulgar o caso, nenhum neonazista foi preso, a dimensão inicial do fórum antirracista foi esvaziada e quase tudo voltava ao normal. Nós dissemos quase tudo...

Dias após a passeata de 13 de maio, um militante nosso foi atacado e violentamente espancado por neonazistas do grupo "carecas do ABC", tomou vários pontos na testa, alguns dentes a menos e um pequeno afundamento facial. Da nossa indignação face a mais esta agressão fascista, nasceu a convicção da necessidade de nos organizarmos enquanto anarquistas, anarco-punks e antifascistas e de nos articularmos com outros segmentos da sociedade, também alvos da violência neonazifascista.

Somente assim poderemos fazer frente à crescente ação de grupos de extrema direita e também desenvolvermos uma ação efetiva contra o racismo e outras formas de discriminação cotidianas.

Sabíamos que o Projeto ACR e o MAP não poderiam limitar seu combate a grupos *skinheads*, que apesar de violentos e homicidas em potencial, são apenas massa de manobra de setores ultra-reacionários, conservadores e nazifascistas da sociedade. Nem poderíamos entrar numa aspiral de violência, pois estaríamos no campo deles, uma vez que a apologia e o uso da violência, o culto à força física e a intolerância extremada são algumas das principais características dos *skinheads*.

Em vez de entrarmos no campo da violência física com os fascistas, nosso projeto buscou e busca construir alianças com vários setores sociais para em conjunto traçarmos estratégias eficientes para coibir a ação da extrema direita e combater as manifestações cotidianas de racismo na nossa sociedade.

Todas estas constatações a partir de São Paulo encontraram terreno fértil em vários núcleos do MAP pelo Brasil, que posteriormente vieram a fazer parte do projeto ACR, no caso Santos, Rio de Janeiro e Curitiba.

A ampliação do Projeto ACR a outras localidades foi um fato determinante para torná-lo mais coeso e produtivo, uma vez que o crescimento do nosso projeto sempre foi mais qualitativo do que quantitativo.

Os núcleos existentes atualmente — Criciúma, Curitiba, Rio de Janeiro, Santos, São Paulo (e um núcleo colaborador em Cruzeiro-SP) — buscam desenvolver trabalhos com as comunidades e movimentos sociais de suas regiões dentro de uma linha geral de conduta aprovada de forma horizontal por todos os núcleos, de forma a resgatar a capacidade de auto-organização da sociedade despertando a população e os movimentos sociais antidiscriminatórios para a necessidade de criarmos instâncias de luta contra todas as formas de preconceito, racismo e discriminação.

Defendemos com veemência a criação de fóruns multi-étnicos, suprapolíticos-religiosos e multiculturais como forma dos diversos segmentos atingidos pela intolerância racial da sociedade reagirem e construírem instâncias sociais combativas e atuantes onde a democracia étnica seja um fato e não um engodo.

Buscamos com nosso trabalho, enquanto projetistas, um permanente aperfeiçoamento dos métodos de ação, tornando mais visível, coesa e eficiente nossa resistência e nossa batalha, que desenvolvemos de forma apaixonada, buscando superar assim uma a uma as muitas adversidades que encontramos pelo caminho. Batalha esta que travamos com nossos punhos cerrados, com nossa bandeira negra hasteada e com a disposição de quilombolas com anabolas que somos.

Setembro de 1999

O Movimento Anarco-Punk e a luta antifascista no Brasil[*]

O Movimento Anarco-Punk no Brasil é fruto de uma crescente politização dentro de parte da cena punk que se dá em meados dos anos 1980 e início dos 1990. Uma de suas principais bandeiras de luta, desde os primórdios, foi o combate ao nazifascismo, ao racismo e ao preconceito. Em muitas das localidades onde se formou o Movimento Anarco-Punk, desenvolveu-se também um trabalho dentro da luta antifascista e antirracista, uma bandeira de luta que já era levantada anteriormente no meio anarquista em diversas partes do mundo desde as primeiras tentativas de ascensão de ideologias de extrema direita, como o fascismo e o nazismo. No Brasil não foi diferente, e o surgimento do integralismo gerou um fervoroso combate por parte do movimento anarquista, muito intenso a partir da década de 1930.

O início dos anos 1990 é marcado pela ocorrência de diversos casos de agressão e violência protagonizados por grupos de *skinheads white powers*, Carecas do Subúrbio e Carecas do ABC. Esse contexto contava também com a aparição e evidência na mídia de políticos de extrema direita como Armando Zanini Júnior, presidente do Partido Nacionalista Revolucionário Brasileiro (PNRB). Assim, desde o final dos anos 1980 vão se intensificando cada vez

---

[*]. Originalmente publicado pela *Imprensa Marginal* em 2017.

mais as relações entre *skinheads* e organizações políticas integralistas e nazistas, culminando na entrada de carecas nos quadros do PNRB e em ações públicas como, por exemplo, o evento de homenagem ao aniversário de cem anos do nascimento de Hitler, que ocorreu em 1989 com participação de Carecas do Subúrbio, Carecas do ABC, Ação Integralista e integrantes de outros partidos nacionalistas na Praça da Sé.

Em meio a este forte processo de tensão e buscando formas efetivas de combater a ação nazifascista destes grupos, anarco-punks partiram em busca de contatos com outros movimentos sociais e agrupações que também pudessem estar de alguma forma envolvidas no combate ao avanço da extrema direita. Surgia a percepção de que somente por meio desta parceria se poderia fazer frente à crescente ação dos grupos de extrema direita e, assim, desenvolver uma ação efetiva de combate. Em 1992, ante o ataque de *skinheads white power* à Rádio Atual, de programação dirigida à comunidade nordestina em São Paulo, e logo após a realização de uma edição do programa "Documento Especial" que deu voz aos neonazistas de São Paulo, diversos movimentos sociais antirracistas se reuniram para uma discussão conjunta no mês de outubro. Entre novembro e dezembro o Movimento Anarco-Punk realizou pedágios de rua para conseguir dinheiro para confecção de faixas e panfletos para uma campanha antifascista, e no dia 12 de dezembro foi organizada uma passeata.

Pouco depois, em 1993, com a morte do estudante negro Fábio dos Santos em Santo André, em decorrência de espancamento por trinta *skinheads*, este processo de atuação política do Movimento Anarco-Punk se ampliou, assim como os contatos com outros movimentos sociais para parcerias de combate. Vai tomando corpo a criação de um fórum contra a ação dos neonazistas, com participação tanto de anarco-punks quanto de diversos outros grupos. A reunião ocorreu no Conselho Participativo da Comunidade Negra de São Paulo, e o resultado foi uma grande passeata com cerca de 4 mil pessoas no dia 13 de maio de 1993. Grupos e movimentos punks, negros, feministas, e de atuação artística, cultural e política se reuniram em frente à embaixada sul-africana na Av. Paulista/MASP, para uma passeata antirracista. A passeata passou pela Av. Brigadeiro e foi até a Praça da Sé, acabando com apresentação musical de diversas bandas. No decorrer de todo o ato foram feitas muitas falas contra a atuação de grupos nazifascistas de carecas e *white powers*. Infelizmente, passado algum tempo, a dimensão inicial do fórum antirracista foi esvaziada, e os meios de comunicação iam deixando de divulgar o caso.

Este momento marcou também o início dos trabalhos do projeto ACR. A proposta era, dentro da cena punk, incitar a politização no que se refere à questão antifascista e, para muito além, estreitar laços com outros movimentos sociais e ampliar a rede de combate ao fascismo de forma concreta. Neste período houve forte relação com movimentos LGBT, negros e judaicos, e realização de atividades diversas sobre a questão. Respeitavam-se as peculiaridades específicas de cada movimento, buscando-se construir, a partir dos pontos de afinidade, parcerias, compartilhamento de informações e apoio em ações de combate aos grupos e instituições nazifascistas nas diversas localidades.

Já era claro para o Movimento Anarco-Punk e o Projeto ACR que o combate ao fascismo não poderia se limitar apenas a grupos *skinheads*, que em última instância eram apenas uma pequena parte de um problema muito maior, envolvendo setores diversos da sociedade com atuação em muitos âmbitos diferentes. O Projeto ACR também não acreditava no simples uso da violência como estratégia de combate, visto que a apologia e o uso da violência, o culto à força física e a intolerância extremada são características próprias destes grupos de *skinheads* nazifascistas, e não seria possível combatê-los a partir de práticas semelhantes. As táticas de autodefesa sempre estiveram em pauta nesses grupos, mas, para além disso, anarco-punks buscaram construir parcerias com vários setores da sociedade, para que em conjunto fossem traçadas estratégias eficientes para coibir a ação da extrema direita e combater as manifestações cotidianas de racismo na sociedade, propondo o respeito, a valorização da diversidade e da liberdade.

Diversos eventos públicos foram organizados nesta época, com mostras de vídeos, debates, palestras, panfletagens e ciclos de atividades antifascistas. Em novembro de 1994, por exemplo, foi organizado o Ciclo Antifascista, uma série de três eventos com apresentações de bandas anarco-punks, palestras com a Unegro, Ben Abrahan (comunidade judaica), passeata de rua e outras atividades. Foi um importante evento de discussão da luta antifascista que ia se tornando cada vez mais concreta e consistente. Outro ciclo de atividades e debates sobre a questão foi organizado em 1995 em Curitiba pelo Grupo Anarquista Via Direta de Ação (GRAVIDA), contando com seis palestras, debates, exposições e outras atividades de 30 de outubro a 02 de dezembro. Também foram organizadas, no decorrer dos anos 1990, diversas atividades de vídeo-debate antifascistas e eventos musicais contra o racismo.

Os núcleos ACR de cada localidade mantinham contato frequente entre si, realizando encontros gerais periódicos e fazendo circular os informes locais mensalmente, e organizaram diversas manifestações públicas e atividades de debate, editaram boletins e materiais de denúncia, produziram dossiês, e ainda criaram um forte canal de diálogo com a imprensa e outros movimentos. Agindo localmente, cada um dos grupos articulava materiais de denúncia e dossiês, realizava manifestações públicas e outras atividades; em conjunto, também organizavam campanhas coletivas, materiais impressos e outras ações que ultrapassavam as fronteiras de cada localidade. Dentre os casos que tiveram forte mobilização nos anos 1990 estão a morte de Fábio dos Santos em Santo André em 1993; o assassinato de Carlos Adilson Siqueira por *skinheads* Carecas do Brasil em 1996 na cidade de Curitiba; a realização de um encontro neonazista de *skinheads* do Paraná também em 1996, dentre tantos outros. Em março de 1996, alguns punks foram abordados pela polícia e, enquanto eram revistados, o moicano de um dos punks foi arrancado à faca por um policial que gritava "oi!" e "skin!", dizendo "não gosto de punks e muito menos de negros". Depois que os policiais saíram, alguns punks tiraram foto do camburão, prestaram queixa dos policiais e denunciaram na imprensa. O punk agredido levou vinte pontos na cabeça e dois dos policiais foram afastados conforme nota da imprensa oficial. O ACR desenvolveu campanha de denúncia sobre esta agressão.

A primeira edição da Parada Gay em São Paulo, em 1997, também teve participação ativa do Movimento Anarco-Punk, que ficou diretamente envolvido na questão da segurança do evento no combate a possíveis ataques durante a manifestação.

Outra campanha que teve ampla e ativa participação dos núcleos ACR e anarco-punks da época foi a questão de Mumia Abu-Jamal, militante negro afro-americano que foi injustamente acusado pelo assassinato de um policial branco e, após um julgamento pautado em inúmeras inconsistências, permanece preso até os dias de hoje, completando mais de trinta anos no cárcere e a maior parte deste tempo no corredor da morte. Foram realizados eventos, debates, publicações e atividades diversas que pudessem dar visibilidade a este emblemático caso do racismo estatal.

Brasil afora, outros coletivos e iniciativas antifascistas foram se formando, como é o caso do Coletivo Monanoz, que surgiu em 1995 em Florianópolis por anarco-punks que tinham como intuito a formação de um grupo de estudos sexuais e a realização de atividades de denúncia e combate à homofobia e ao nazifascismo. O frequente intercâmbio entre os grupos antifascistas gerou também campanhas conjuntas e parcerias. Em outubro de 1995, um encontro de grupos do Projeto ACR no Rio de Janeiro teve como resultado a união dos materiais de denúncia existentes em cada localidade para criação de um grande dossiê, a ser utilizado como instrumento de combate à ação dos grupos nazifascistas. Nessa época também se intensificaram as discussões sobre a luta afro-punk e sua importância.

Em meio a esse trabalho ocorreram por diversas vezes casos de ameaças ou violência por parte de grupos neonazistas. Dois dos coletivos anarco-punks que sofreram ameaças foram o KRAP (Koletivo de Resistência Anarco-Punk) e o Coletivo Altruísta, ambos tendo recebido cartas de ameaça assinadas por grupos *skinheads* em meados da década de 1990. Houve também casos de agressão física, que tornaram cada vez mais importante a prática da autodefesa por parte de militantes anarco-punks. Em geral, as ações coletivas de resposta também seguiram politicamente no sentido de tornar públicas as ameaças e agressões sofridas, denunciar o caráter nazifascista dos grupos de extrema direita, e reafirmar o engajamento e comprometimento com a luta antifascista e antirracista, o que gerou apoio direto de diversos grupos e indivíduos.

Por questões diversas, muitos dos núcleos do Projeto Anarquistas Contra o Racismo se dissolveram durante os últimos anos da década de 1990, desta época restando ativo o núcleo de Criciúma-SC, que desenvolveu trabalhos ligados a esta questão em escolas, junto à comunidade LGBT, negra, pessoas usuárias de CAPS, entre outros, e possui um grande acervo de materiais antifascistas. As experiências que estes núcleos obtiveram no decorrer de seu trabalho, porém, foram grandes contribuições para as movimentações antifascistas que surgiriam a seguir. Ainda assim, as discussões e ações de denúncia e combate referentes à luta antifascista permaneceram vivas, seja por meio de fanzines e panfletos, discussões e debates, seja por meio de ações de rua e manifestações.

A década de 1990 chegava ao fim e os anos subsequentes não seriam menos problemáticos. Diversos casos de agressão protagonizados por grupos de *skinheads* e nazifascistas se faziam frequentes, e um caso muito emblemático ocorreu então em fevereiro de 2000: a morte do adestrador de cães Edson Neris, morto a chutes e golpes de soco inglês por dezenas de Carecas do ABC na Praça da República. O caso, de extrema brutalidade e intolerância, gerou reações de repúdio e comoção de diversos grupos LGBT, de direitos humanos, agrupações punks e libertárias, ocorrendo manifestações conjuntas e atos diversos. Na ocasião, anarco-punks participaram das mobilizações, organizando atividades de denúncia. A partir deste ano, começa a se formar a Jornada Antifascista, que passa a ser organizada anualmente, durante o mês de fevereiro, e acontece até os dias de hoje. Inicia-se como uma manifestação de um único dia para, com o passar dos anos, tornar-se um mês inteiro de atividades sobre a questão, com apresentação de bandas, debates, palestras, vídeos, atos de rua e outros. Ultrapassando os limites de São Paulo, anarco-punks de outras localidades organizaram também atividades antifascistas durante o mês de fevereiro. A morte de Carlos Adilson em 1996, no mês de março, fará com que, posteriormente, sejam organizados em Curitiba atividades do Março Antifascista, com proposta semelhante à Jornada criada em São Paulo.

«Aqui para ficar, aqui para lutar»
O florescer de uma luta antifascista[*]

MARINA KNUP[†]

PARTE I

PAKI-BASHING E RACISMO NA INGLATERRA DOS ANOS 1960–1980

Ao fim da Segunda Guerra Mundial, a Inglaterra passou a receber um grande número de imigrantes, com políticas de imigração que de início pautavam, sobretudo, a reconstrução da economia no pós-guerra. A partir de então vai se intensificando a entrada de pessoas das ex-colônias de regiões caribenhas e do sul-asiático, como Jamaica, Índia, Paquistão e Bangladesh, e de regiões africanas como Quênia, Uganda e Nigéria.

As próximas décadas serão muito difíceis para estxs imigrantes, que vão se vendo imersxs em um ambiente de medo e violência racista. Em meio a um cotidiano de ataques violentos a comércios, casas, vizinhanças e famílias inteiras, muitxs tiveram suas vidas marcadas pelo racismo. Para estas famílias, o abuso e violência racial eram parte da existência cotidiana na Inglaterra. E da indignação com esse quadro, floresceu uma intensa luta contra o

---

[*]. Originalmente publicado pela *Imprensa Marginal* em 2015.

[†]. É cineasta, integrante do movimento Anarco-punk do Brasil, tatuadora e uma das idealizadoras da editora *Imprensa Marginal*.

racismo e o fascismo, protagonizada pelxs próprixs imigrantes e seus descendentes, que por meio da união e da auto-organização coletiva construíram sua forma mais efetiva de autodefesa. Sem esperar pela ação do Estado ou da polícia, a juventude asiática se empoderou por meio da ação direta e foi às ruas, tomando de volta as rédeas de suas vidas e construindo um movimento antirracista inspirador.

Apesar de ser uma história muito difundida entre as comunidades asiáticas inglesas, com uma forte preocupação de resgate histórico e registro de memórias, a impressão que temos é que muitas vezes tudo isto acaba ficando restrito às próprias comunidades, estudiosxs do tema e alguns círculos ativistas. Este artigo é uma tentativa de resgate desta história em língua portuguesa, focando-se principalmente no período que vai do final dos anos 1960 ao início dos 1980. Em memória de todxs xs imigrantes perseguidxs pela intolerância fascista, e para que se mantenha viva a luta que levaram adiante por uma existência livre de racismo!

RACISMO X IMIGRAÇÃO

A relação entre racismo e imigração na Inglaterra do século xx tem um histórico longo e complexo, ligada a fatores como a formação de sistemas de Estados-nação baseadas em livre mercado, nacionalismo e opressão colonial. O período pós-Segunda Guerra Mundial é um momento em que a questão começa a se acirrar, pouco a pouco adquirindo uma dinâmica concreta na sociedade em um nível mais formal e institucional, por meio do Estado e de partidos políticos e organizações.

Já nos anos 1950, a imigração torna-se uma pauta cada vez mais presente na agenda política, aos poucos surgindo o debate sobre a necessidade de controle da imigração negra/asiática na Inglaterra. Os argumentos anti-imigração sustentavam que a vinda

UMA LUTA ANTIFASCISTA

destas pessoas era uma ameaça ao modo de vida inglês, à lei e à ordem. Neste contexto, grupos de extrema direita passam a ampliar sua propaganda anti-imigração, realizada abertamente. É a época também em que garotos brancos — *Teddy Boys* — perseguiam imigrantes negrxs, e verifica-se um crescimento de ataques violentos que culmina nas revoltas de Notting Hill em 1958, quando ocorreram inúmeros ataques a imigrantes caribenhxs e suas casas e uma revolta nas ruas.

Neste período surgem algumas iniciativas de diferentes âmbitos da sociedade para tratar das questões antirracistas: em 1958 é fundada a *Indian Workers Association* no Reino Unido, que fazia campanhas contra a discriminação e tinha também boas relações com o movimento inglês de sindicatos; no mesmo ano o *Institute of Race Relations* inicia seus trabalhos; e em 1964 surge também a *Campaign Against Racial Discrimination*, com o objetivo de reivindicar legislações antidiscriminatórias junto ao governo trabalhista.

Em meados dos anos 1960 a problemática vai se intensificando. Neste contexto, uma das maiores personificações públicas deste discurso conservador foi o parlamentar Enoch Powell, que realizou uma série de discursos entre 1967 e 1968 focados em denunciar "os perigos" da imigração, atraindo enorme atenção midiática e forçando reações do governo trabalhista. Seu discurso mais conhecido e apoiado, de abril de 1968, foi intitulado "Rios de sangue" [*Rivers of Blood*]. Powell argumentava que a imigração levaria a "uma transformação total, desconhecida em centenas de anos na história da Inglaterra", e que o país seria banhado por "rios de sangue" caso a vinda de imigrantes negrxs e asiáticxs não fosse detida. Este discurso, feito poucos dias antes do Parlamento começar a deliberar a Lei de Relações Raciais, teve ampla divulgação midiática, gerando pânico e medo. Powell atacou a lei que regulava a igualdade de tratamento com relação à moradia e emprego, argumentando que imigrantes ficariam em uma posição privilegiada, falando em uma invasão que tomaria áreas inteiras.

Para além das demandas por restrições, Powell e seus correligionários reivindicavam a repatriação, argumentando que o número de imigrantes de ex-colônias era muito grande e, neste caso, deveriam ser mandados de volta. Os discursos de Powell e outros, bem como a enorme atenção midiática que tiveram, acabaram por mudar os termos do debate político quanto a pessoas negras/asiáticas e relações raciais, destruindo o frágil "consenso bipartidário" sobre raça e imigração criado pelo governo trabalhista. Neste contexto, uma série de legislações que controlavam a imigração foram surgindo, como o *Immigration Act* de 1971, por exemplo.

Existe um inimigo muito maior. Este inimigo é o Estado Inglês, e as armas que estão usando contra nós são as Leis de Imigração. Centenas de pessoas estão sendo jogadas nas prisões e deportadas. A polícia está fazendo batidas diárias em nossas casas e a situação irá ficar pior com as novas propostas dos Tory. (...) As leis de imigração são racistas. Eles as têm introduzido não apenas para manter os que já estão aqui como forças de trabalho colonial dóceis e submissas. Os Oficiais de Imigração e a polícia são os novos administradores coloniais como os ingleses eram em nossos países. Estas leis nos degradam e abusam. São usadas para nos molestar e explorar. Elas tiram nossa dignidade humana e nos tratam como animais.[1]

Logo após o discurso dos "Rios de sangue", a quantidade de ataques violentos contra imigrantes cresceu dramaticamente por toda Inglaterra. No entanto, era comum que se colocasse essa violência como um resultado da presença dessas comunidades, representadas como fontes potenciais de violência e não como suas vítimas. Estes argumentos legitimavam a violência racista, sustentando

---

1. *Kala Tara* #1, publicação AYM Bradford, 1979.

UMA LUTA ANTIFASCISTA

que eram xs imigrantes que atacavam as pessoas brancas inglesas supostamente tomando suas áreas e tirando-as de suas casas. Frases como "invasão sem precedentes" e criação de "áreas alienígenas" eram muito comuns. O "pânico moral" gerado pela mídia e políticos anti-imigração com relação à presença de imigrantes contribuiu imensamente para o surgimento de novas forças políticas explicitamente racistas, que pouco a pouco colocavam imigrantes como bodes expiatórios para problemas econômicos e sociais que o país sofria no momento.

O imigrante bengalês Suroth Ahmed relembra:

No começo, quando cheguei à Inglaterra, Enoch Powell era visto como uma pessoa má. (...) Nós o víamos falando na TV. Nós asiáticxs e povo bengali o odiávamos muito. Enoch Powell era uma pessoa ruim, assim como os *skinheads* que atacavam a comunidade negra e asiática durante o governo de Heath[2]. Considerávamos ambos como ruins. No início não podia compreender seu discurso, mas eu estava convencido, ele não era um bom homem. Estava sempre nas manchetes da televisão. Eu não sabia inglês o suficiente, mas os anciãos nos diziam que tentava deportar o povo negro e asiático.

PAKI-BASHING?

A Grã-Bretanha tomou conhecimento do termo *paki-bashing* pela primeira vez na última quarta-feira. Um grupo de *skinheads* se gabava pela TV de ter espancado imigrantes na zona leste de Londres, por pura diversão
Jornal Sunday Mirror, 1969

Paki-Bashing era o termo utilizado para descrever a perseguição violenta a imigrantes asiáticxs na Inglaterra. Embora na

---

2. Edward Heath foi primeiro-ministro da Inglaterra durante os anos 1970–1974.

mentalidade racista estas pessoas fossem vistas como um grupo étnico uniforme, na realidade vinham de diversos contextos e localidades: havia sikhs da região Punjab e hindus da região Gujarat da Índia, além de muçulmanas do Paquistão, bengalis, entre outros. "Paki" é um termo considerado altamente racista, usado para se referir tanto a paquistaneses quanto a todxs xs outrxs imigrantes sul-asiáticxs de diferentes origens, que eram tidxs como "a mesma coisa".

Eu cheguei em 1968, e logo que cheguei neste país fui confrontado pelo *paki-bashing*, pelo movimento *skinhead* e todas estas pessoas. (...) Embora paki fosse para paquistaneses, todos os indianos, bengalis, todos para eles eram a mesma coisa. Eles costumavam odiar a gente, queriam nos levar para fora desta área. (...) Eles costumavam cuspir na gente e nos batiam nas ruas. E naquela época nosso povo não era tão forte. Porque tinha apenas vindo de seu país de origem, e os asiáticos sempre foram pessoas muito pacíficas. E nosso povo veio para cá para ganhar algum dinheiro, para apoiar suas famílias em casa. Não vieram para cá para lutar com ninguém. Então a resistência não era tão boa, não era tão forte (Mahmud Rauf, imigrante bengali).

O racismo que atingiu sistematicamente estes grupos étnicos na Inglaterra se deu de forma extremamente violenta. Há registros de linchamentos, assassinatos, bombas, ataques, perseguições, intimidações e expulsões. Os ataques atingiam famílias de imigrantes em suas casas e locais de trabalho, bombas eram colocadas em caixas de correio e pedras quebravam as janelas; era comum que jovens asiáticos fossem esfaqueados ou espancados; ovos e tomates eram jogados contra mulheres e crianças; pequenas garotas eram agredidas na rua por jovens brancos que saíam correndo aos risos; muitas pessoas, com medo de sair, se tornaram prisioneiras de suas próprias casas. Embora espalhados em variados registros, são muitos os relatos de imigrantes e suas famílias sobre este cotidiano, retratados em entrevistas, documentos de denúncia, periódicos, filmes de ficção, livros, documentários e letras de música. Em todos eles, questões como racismo, xenofobia e *paki-bashing* se repetem, demonstrando o quanto estes aspectos estavam presentes em suas vidas.

(...) Era muito assustador, e muitas das pessoas que tinham vindo de Bangladesh não queriam se envolver em brigas e nada do tipo. Elas costumavam ficar confinadas em suas casas. As únicas ocasiões em que saíam era porque precisavam ir ao trabalho, ir fazer compras... Fora isso não queriam sair. As pessoas de nosso país sempre quando chegavam viviam em grandes alojamentos. E esses lugares eram sempre cheios de histórias de espancamentos de pessoas bengalis por pessoas brancas, por *skinheads*, por... Quando digo pessoas brancas, não quero dizer as pessoas boas, mas as pessoas brancas más, da BNP, e... Sempre havia espancamentos, havia histórias de idosos espancados, com seus dentes quebrados... este tipo de coisa era muito comum naquela época. (...) Eu nunca tive nenhuma experiência de espancamento, mas pelo menos um par de vezes cuspiram em mim (Mahmud Rauf, imigrante bengali).

Embora o termo *wog-bashing* tenha sido usado para descrever violências deste tipo protagonizadas por *Teddy Boys* nos anos 1950, a palavra *paki-bashing* é citada por muitxs autorxs como tendo surgido entre o final da década de 1960 e início de 1970. Segundo Benjamin Bowling, a violência em si pode ser associada a três fatos inter-relacionados: "o amplo pânico moral quanto à imigração e a raça estimulado por Powell e seus correligionários; a fundação em 1967 e posterior apoio conferido à *National Front*; e o surgimento de uma nova, violenta e explicitamente racista cultura juvenil: os *skinheads*".

A primeira grande onda de *paki-bashing* ocorreu a partir de 1969–1970. A popularização do termo na imprensa ocorre neste período. Alguns estudos apontam o assassinato de Tosir Ali em abril de 1970 como momento em que se passa a veicular o termo na mídia, mas existem também alguns registros de jornais que em 1969 já faziam seu uso. Segundo a pesquisadora Anne Kershen, o termo já havia sido usado em 1968 um pouco além da fronteira de Spitalfields, no complexo habitacional Collingwood em Bethnal Green. Segundo ela, "isto corresponde à época em que agressivos jovens brancos, de cabeças raspadas, ficaram conhecidos como *skinheads*".

Durante esta primeira onda de *paki-bashing* que assolou a Inglaterra, o caráter dos ataques racistas protagonizados por *skinheads* se deu muito mais a partir de expressões violentas de xenofobia, nacionalismo extremado e opressão colonial, com pouquíssima relação com partidos políticos de extrema direita como a *National Front*, que só ganharia visibilidade anos depois. Bowling sustenta que os *skinheads* tinham um forte senso de território que estava intimamente ligado ao *paki-bashing* como um "ritual de defesa agressiva da homogeneidade cultural da comunidade contra os mais óbvios bodes expiatórios estrangeiros". Neste sentido, é comum encontrar justificativas aos ataques no fato dxs imigrantes asiáticxs possuírem costumes culturais, alimentares e sociais muito diferentes dos ingleses, não falarem inglês corretamente, assim como argumentos ligados à disputa de empregos, moradia e oportunidades com inglesxs brancxs. Em muitos casos, estes jovens declaravam ver o *paki-bashing* como mera diversão — uma "diversão" sistemática que gerava mortes, ferimentos físicos e pânico. Ironicamente, enquanto tinham nxs asiáticxs seu foco mais direto de violência, ouviam e dançavam música caribenha/jamaicana rock-steady, reggae e ska.

Já nessa época, imigrantes começam a pensar em formas de autodefesa, visto que a resposta da polícia era praticamente nula. Um registro de 1968 relata que ao voltar para casa após o trabalho de bicicleta, o imigrante Gulam Haider Ellam avistou uma gangue de *skinheads* esperando por ele. Pedalou rápido para tentar escapar, e depois disso passou a andar com uma barra de ferro para se defender, enquanto motoristas de ônibus asiáticos andavam também com tacos de hockey durante as viagens. Em meados dos anos 1970 estas formas de autodefesa ficarão mais organizadas, tornando-se pautas coletivas.

O ano de 1970 será marcado por centenas de ataques racistas, que tornaram o *paki-bashing* notícia nacional. Neste período, diversos casos de agressões com garrafadas, chutes, tijoladas, facadas, espancamentos e outras formas de ataque foram divulgados. Ocorreram invasões em regiões de comunidades asiáticas como Brick Lane e Southall por gangues *skinheads* que tumultuavam e feriam moradorxs, por vezes com presença de centenas de agressores. De março a maio de 1970, 150 pessoas foram atacadas somente na região de East End de Londres, porém aconteceram casos semelhantes em Wolverhampton, Luton, Birmingham, Coventry, West Bromwich, entre outros. Na mesma época, o *Sunday Times* dedicou uma página inteira à perseguição racista que atingia milhares de paquistanesxs na região do Spitalfields Market, revelando que em janeiro e fevereiro daquele ano houve ataques regulares de *skinheads* contra paquistanesxs em Spitalfields. Já o *Observer* advertia que "qualquer asiático descuidado o suficiente para andar sozinho pelas ruas à noite era um tolo". A questão chegou a atrair inclusive atenção internacional: um canal de televisão francês, por exemplo, fez um pequeno documentário em 1970 em Londres sobre as agressões à comunidade asiática, entrevistando imigrantes, *skinheads* e políticos.

Em 3 de abril de 1970, Tosir Ali foi assassinado a facadas em Bow, leste de Londres, a poucos metros de sua casa. Sua morte teve enorme visibilidade pública, e neste contexto o sindicato *Pakistani*

Workers Union reivindicou um inquérito sobre o fracasso da ação policial. Uma declaração da Polícia Metropolitana, entretanto, negou que pessoas negras fossem atacadas com mais frequência do que as brancas. Esta morte demonstra ainda a tendência da polícia em responsabilizar a própria comunidade asiática pela violência que sofriam: no dia seguinte à morte de Ali, um paquistanês que reclamou na televisão pela falta de ação da polícia pelos ataques foi preso e questionado por muitas horas.

Diversas manifestações, e até mesmo uma greve, foram realizadas por imigrantes asiáticxs contra a violência que sofriam na virada da década de 1960 e início de 1970. O *New York Times* de 25 de maio de 1970, por exemplo, noticiou que no dia anterior "muitas centenas marcharam até a residência do primeiro-ministro Wilson para pedir proteção contra os ataques de *skinheads*".

A primeira geração a frequentar as escolas na Inglaterra passou por abuso racial, ataques racistas e discriminação como uma característica cotidiana da vida, tanto nos *playgrounds* e no trajeto de ida e volta da escola quanto nas ruas. Enquanto seus pais lutaram e trabalharam para sustentar suas famílias, crianças asiáticas e jovens estavam aprendendo a viver e lidar com um ambiente diferente sem nenhum apoio familiar ou comunitário contra este racismo evidente.[3]

A experiência de frequentar a escola podia ser muito difícil para jovens descendentes de imigrantes asiáticxs. Dentro da escola, a caminho de casa ou nos *playgrounds* onde brincavam, *paki-bashing* era algo muito real. Em 1972, um garoto sikh foi esfaqueado em uma destas escolas por garotos brancos que disseram que o mata-

---

3. Balraj Purewal, membro fundador da *Southall Youth Movement*, em *Young Rebels: The Story of the Southall Youth Movement*, organizado pela *Asian health agency*.

riam caso não cortasse o cabelo e parasse de usar turbante. Outro garoto de 11 anos, Sohail Yusaf, foi espancado a caminho de casa depois da escola, ficando inconsciente em um canteiro de obras.

Segundo Saeed Hussain, "na maioria das tardes de sexta, mas particularmente no fim do período escolar, feriado, ou o último dia antes do feriado eram dias comuns de *paki-bashing*". Assim, a permanência destas crianças e jovens na escola em alguns casos podia ser muito curta, como relata o imigrante bengali Mohammed Abdus Salam:

Eu vim de Bangladesh, então Paquistão Oriental, em 1969 com meus pais. Me matriculei em uma escola secundária local, a Montefiore Secondary School. Frequentei a escola por apenas alguns meses, não pude continuar devido a ataques racistas, abusos e ataques de rua por *skinheads* e colegas brancos.

Os que permaneciam, encontravam sua sobrevivência na união com outrxs garotxs asiáticxs, uma união que a médio prazo teria bons frutos para a comunidade. Tariq Mehmood relembra: "Éramos muito conscientes do fato de que tínhamos de estar juntxs porque não podíamos pegar os ônibus (...) éramos atacadxs quando pegávamos os ônibus, e éramos atacadxs quando saíamos dos ônibus. E a única forma que tínhamos para sobreviver era conhecendo muitxs amigxs de outras escolas. Talvez por isso tantxs de nós ainda tenhamos contato até hoje".

Em agosto de 1972, milhares de asiáticxs foram expulsos de Uganda, cerca de 50 mil delxs tendo passaportes ingleses — o que gerou enorme pânico na imprensa e colocou alguns políticos como Powell no centro do debate. Cerca de 28 mil asiáticxs de Uganda entraram no país, com grande comoção de organizações anti-imigração como o Partido Conservador e organizações como o *British Movement* e a *National Front*. Em uma matéria escrita por Simon Wooley sobre este momento, ele relembra: "A cidade em que cresci, Leicester, recebeu muitxs refugiadxs de Uganda, com ressentimento e reatividade que teriam efeitos profundos em muitas pessoas. *Paki-bashing*, como era conhecido então, era levado a cabo por *skinheads* com o único propósito de aterrorizar comunidades asiáticas. Em resposta, xs asiáticxs formaram a *Sapno Gang* — a gangue dos sonhos — cuja razão de existência era defender suas comunidades".

Husna Matin, uma imigrante que se mudou com toda a sua família para a Inglaterra em 1974, se lembra que: "Os *skinheads* nos deram tempos muito difíceis. Bengalis tinham medo de sair tarde da noite. Eles arrumavam menos problemas com mulheres, mas estavam atacando os homens bengalis. Os *skinheads* costumavam bater nos bengalis e roubar o que tivessem sempre que podiam. (...) Não tínhamos telefone na região. Algumas pessoas tinham de ir a New Road para fazer ligações e não se sabia se você poderia voltar seguro para casa. Os *skinheads* atacaram muitos bengalis em seu caminho de volta das cabines telefônicas".

Há um novo pico de ataques racistas violentos a partir da cobertura midiática sobre a chegada de imigrantes malauianos em maio de 1976. Em um contexto de declínio econômico e grandes taxas de desemprego, estrangeirxs são mais uma vez os bodes expiatórios para os problemas do país. Lojas, casas e organizações comunitárias foram apedrejadas e incendiadas no leste de Londres e Southall, mulheres de Newham tiveram seus saris (vestes femininas) queimados, ocorreram ataques racistas com cachorros, uma série de esfaqueamentos e foram registrados assassinatos em diferentes regiões.

Com o crescimento de organizações como a *National Front* neste período, para além de uma intensa atividade de propaganda racista, passam a ocorrer muitos casos de violência protagonizados diretamente por membros de partidos políticos de extrema direita. Um relatório apresentado em meados dos anos 1970 por um membro do Parlamento, Paul Rose, denunciava mais de 1000 incidentes de violência com envolvimento de grupos de extrema direita como a *National Front*. Outras evidências relacionam a NF a diversos ataques à bomba, panfletagens racistas e ataques ao *Community Relations Office* em Londres. A NF organizou comícios de rua com propaganda abertamente racista, distribuíram panfletos racistas em regiões caracterizadas pela grande quantidade de moradorxs imigrantes, como Brick Lane, entre outras ações públicas. Há também relatos que apontam o racismo institucional em escolas, locais de trabalho e diversas outras situações e ambientes do cotidiano das comunidades imigrantes.

Mas estxs jovens que chegaram à Inglaterra pequenxs estavam crescendo, e esta segunda geração agiria de forma muito mais combativa contra todo este contexto.

Diferente da resposta muda dos mais velhos à discriminação racial e ataques, e suas aspirações de "voltar para casa um dia", xs jovens asiáticxs que vieram para estudar se enxergavam como iguais a seus colegas brancos, e viam a Inglaterra como seu lar: "estavam aqui para ficar". Não estavam preparadxs para aceitar ou "virar a cara" para os constantes ataques e discriminação, e reivindicaram direitos iguais e justiça.

Jovens asiáticxs começaram a organizar e criar redes e alianças entre diferentes escolas e vizinhanças para defender e proteger a si mesmxs contra ataques racistas e apoiarem-se nos problemas sociais e culturais comuns que afetavam as comunidades. Estas redes e alianças eram a infraestrutura embrionária que levaria xs jovens a consolidar e formalizar o *Southall Youth Movement* (SYM).[4]

---

4. Balraj Purewal, op. cit.

PARTE II

AUTO-ORGANIZAÇÃO E AUTODEFESA ANTIRRACISTA

> (...) para muitas da segunda geração de pessoas asiáticas
> que cresceram na Inglaterra durante os anos 1970 e 1980,
> a religião não foi um aspecto primário de definição de
> suas identidades. O assunto chave foi o racismo, que
> confrontavam na escola, nas ruas, nos lugares onde suas
> famílias poderiam morar e trabalhar, produzindo uma
> ampla identidade antirracista em torno da qual se
> organizaram
>
> *Secular Identities and the Asian Youth Movements,*
> DR. ANANDI RAMAMURTHY, University of Central
> Lancashire

Entre 1973 e 1977, vão surgindo algumas tentativas de formar redes de comitês antifascistas/antirracistas que envolviam pessoas e grupos dos mais diversos contextos. Em junho de 1974, antifascistas organizaram uma passeata até o centro de Londres, contrapondo um comício da *National Front.* A manifestação acabou em conflitos com a polícia e membros da NF, e o manifestante Kevin Gately foi assassinado. Em fevereiro de 1975 é criada a revista antifascista *Searchlight,* com o objetivo de contestar o apoio eleitoral à NF, seguida pelo surgimento do jornal *Campaign Against Racism and Fascism* (CARF), publicado pela primeira vez no final de 1976 pelo *Richmond & Twickenham Anti-Racist Committee* e a partir de 1977 adotado como jornal da *All London Anti-Racist, Anti-Fascist Co-ordinating Committee,* uma federação formada por 23 comitês locais. Em 1977 também surge a *Anti-Nazi League,* que com o passar dos anos tem um grande crescimento em diversos setores sociais, além de outras organizações. Nesse momento também cresce a oposição à NF por parte do *Labour Party,* que, avaliando o sucesso eleitoral da *Front*, concorda com uma campanha contra o racismo e reivindica a revogação das leis de imigração de 1968 e 1971.

Em junho de 1976, a morte de Gurdip Singh Chaggar, de 17 anos, teve grande repercussão. Ele foi morto nas proximidades do Dominion Theatre em Southall, um local que era visto como símbolo de auto-organização pelxs sul-asiáticxs que viviam ali, num claro ataque à comunidade como um todo. O Comissário de Polícia Robert Mark declarou na época que o motivo não era necessariamente racista, e como resposta foi organizado um comício público pela *Indian Workers Association* no domingo seguinte.

Kuldeep Mann relembra: "Me lembro do choque na comunidade. Sim, foi uma experiência pessoal muito viva para mim. Nós fomos ao Dominion Centre, que era um grande cinema naquela época, seu corpo foi colocado lá fora e fomos todxs olhar. (...) A comunidade estava muito unida em sua tristeza, e as pessoas se sentiam com muita raiva. As pessoas mais jovens particularmente. Sim, foi um ponto de virada em minha memória, e para muitas pessoas em Southall também".

Jovens marcharam até a delegacia de polícia pedindo proteção contra as violências racistas, e declararam: "Lutaremos como leões". Cercaram a delegacia, e se recusaram a sair até que dois homens asiáticos que haviam sido presos durante as manifestações fossem soltos. A demanda foi atendida, e outro encontro foi organizado logo depois para organizar unidades de autodefesa. É neste contexto que nasce a *Southall Youth Movement*, um movimento de autodefesa que surgia como resposta à segunda grande onda de *paki-bashing* que assolava os bairros imigrantes.

A inquietação causada em Southall após esta morte em 1976 foi um grande estopim para o desenvolvimento de diversos movimentos de luta antirracista em muitas comunidades asiáticas, que percebiam que somente por meio da auto-organização poderiam se defender. Se para a geração anterior de imigrantes havia sempre a incerteza quanto à permanência na Inglaterra e um sonho de retorno à terra natal, para essa nova geração de jovens isto era diferente. Sentiam que era necessário lutar para que pudessem viver em paz neste lugar que também era delxs. Cada vez mais aumentava a desconfiança nas autoridades brancas, e a partir daí, a necessidade da autodefesa nas comunidades. A juventude asiática passava a buscar na ação direta uma forma de proteção contra ataques racistas e discriminação por parte das autoridades, sem esperar mais que o Estado fizesse algo, e desafiando também as concepções da geração anterior. Era hora da juventude se organizar, e milhares de jovens asiáticxs se aproximaram desta luta.

Embora as pessoas envolvidas em geral nos AYM fossem asiáticas, havia uma identificação enquanto pessoas não-brancas em uma sociedade branca que lhes dava um sentimento de união com imigrantes africanxs e caribenhxs que passavam pelas mesmas experiências de racismo. Nesse contexto, o termo "negro" possibilitou uma identidade coletiva e solidariedade para levar adiante tanto a luta contra o racismo nas ruas, quanto contra suas expressões institucionais e políticas.

A proposta de se introduzirem enquanto juventude asiática, embora Southall fosse predominantemente sikh e indiana, tinha como objetivo a inclusão de toda juventude sul-asiática, africana e caribenha. Sobre isso, Balraj Purewal comenta: "nos chamávamos de *Southall Youth Movement* porque não éramos uma minoria em Southall. Falar em asiáticos poderia soar como se fosse algo especial, mas éramos a juventude de Southall".

Outra questão importante era a percepção que tinham de relação entre racismo e opressão de classe. Como disse Tariq Mehmood, um membro da AYM Bradford, "para nós a questão não era só a pele escura, estava ligada a questões de classe. A maioria

UMA LUTA ANTIFASCISTA

de nós era composta por trabalhadorxs e filhxs de trabalhadorxs. Para nós, raça e classe eram inseparáveis".

A partir desta experiência do SYM, diversas iniciativas semelhantes começam a surgir em outras comunidades. Ainda em 1976 surge a *Asian Youth Organisation* (AYO) em Bolton e Blackburn, e o embrião da *Bangladesh Youth Movement* (BYM); em 1977 nasce a *Asian Youth Movement* (AYM) em Bradford, em um primeiro momento com o nome de *Indian Progressive Youth Association* (IPYA); em 1978 a *Asian Action Group de Haringey*; em 1979 a *Asian Youth Movement* de Leicester e Manchester; e o começo dos anos 1980 vai ampliando o movimento em outras localidades: surge a *Asian Youth de Birmingham* e a *United Black Youth League* de Bradford em 1981, e em 1982 a AYM Sheffield. Aos poucos os AYMs e outros movimentos semelhantes iriam se espalhando por East London, Luton, Nottingham, Leicester, Manchester, Sheffield, Burnley, Birmingham, Pendle, Watford e outros lugares.

Segundo Tariq Mehmood, o que queriam "conseguir com a formação da AYM era realmente simples, queríamos ser capazes de nos defender, queríamos ser capazes de unir nossas famílias que para muitxs de nós tinham sido divididas por leis de imigração". Rajonuddin Jalal, da BYM, diz ainda: "era uma organização que mobilizou as pessoas jovens, mobilizou a comunidade como um todo, deu voz à comunidade, organizou as pessoas para que apoiassem aquelas que eram vítimas de ataques racistas em suas casas ou nas ruas. Depois também teve o papel de politizar a comunidade".

Em 1977, a *Southall Youth Movement* ocupou um prédio na região, criando no local um centro da juventude que realizava diversas atividades, inclusive esportivas, e também dava ajuda legal e representação para as pessoas que tivessem problemas com a polícia. No decorrer do tempo, a SYM também mobilizou xs membrxs para ajudar outras comunidades, como os bengalis de Brick Lane no East End de Londres, a se defender dos ataques semanais. Este apoio da defesa física da comunidade também inspirou a formação de outros grupos locais.

No decorrer dos anos 1970, aponta-se o crescimento da consciência de diversos setores da sociedade inglesa quanto à existência da violência racista, o que gera certa pressão para que esta entrasse em debate nas agendas públicas. Desta forma, as denúncias de incidentes racistas se ampliam, com cobertura na imprensa, e reivindicações pela ação do Estado chegam ao Parlamento e mesmo à residência do primeiro-ministro em Downing Street. Entretanto, a criminalização de comunidades imigrantes e a introdução de uma nova lei de imigração serão assuntos que estarão no foco no jogo político deste momento. O final dos anos 1970 será marcado também pela entrada de Margaret Thatcher como primeira-ministra, com posicionamentos anti-imigração e políticas liberais que nada ajudaram no cotidiano violento de imigrantes asiáticxs na Inglaterra.

Porém, também ganharão visibilidade diversas organizações antirracistas se opondo às marchas da *National Front* por todo o país e denunciando a violência racista. Para barrar a NF nas eleições suplementares de 1977 e 1978, antifascistas espalharam milhares de panfletos que alertavam a ameaça fascista, contramarchas foram organizadas, e muitas mobilizações aconteceram, conseguindo derrotar os candidatos do partido. Manifestações enormes com mais de 20 mil pessoas também foram organizadas no final da década denunciando o caráter racista das leis de imigração, com a formação da *Campaign Against Racist Laws*, que integrava movimentos da juventude asiática, caribenha, e organizações antirracistas diversas. Nestas manifestações houve grande presença de mulheres asiáticas, que também denunciavam o sexismo destas leis.

UMA LUTA ANTIFASCISTA

O RACISMO POLICIAL E CRIMINALIZAÇÃO DAS COMUNIDADES

A nova geração do povo bengali começou a crescer, e estas pessoas começaram a fazer cursos de autodefesa, cursos de kung-fu e todas estas coisas. (...) Naquela época, quando as pessoas estavam desamparadas, não queriam resistir, elas não tinham ajuda suficiente da polícia local, a polícia não as apoiava. E devido a toda essa não-cooperação da lei e da ordem, nossxs garotxs jovens, a geração mais jovem, começou a resistir, construir sua resistência, como autodefesa e outras coisas. E havia alguns incidentes acontecendo aqui e ali, estavam resistindo, revidando. Quando se era atacadx, elxs começaram a atacar! E então as autoridades pensaram "meu deus! Elxs não vão mais aceitar isto, estão resistindo!" E quando começaram a resistir, eles pensaram "talvez esteja surgindo um problema". (...) Eu lembro de um amigo, ele era especialista em kung-fu, faixa preta, vermelha, não me lembro. Ele começou a mobilizar as pessoas desta área, que viviam nos arredores de Brick Lane. E então a polícia começou a prestar atenção, "essxs garotxs estão começando a resistir, é melhor fazer algo!" (Mahmud Rauf, imigrante bengali).

Em 1978, o *Bethnal Green and Stepney Trades Council* publicou um importante documento sobre a violência racial em East End, baseado em registros da *Bangladesh Welfare Association, Bangladesh Youth Movement* e *Tower Hamlets Law Centre*. O material analisa mais de cem ataques contra asiáticxs e suas propriedades que ocorreram entre janeiro de 1976 e agosto de 1978, tornando-se um dos documentos mais aprofundados sobre a questão. Entre os casos analisados estão esfaqueamentos, rostos cortados, pulmões perfurados, ferimentos de bala, espancamentos com tijolos, paus, guarda-chuvas, chutes, e outros métodos que quase sempre levavam as vítimas ao hospital.

Uma das questões colocadas no relatório, já anteriormente denunciadas em outros materiais, é a conivência policial e criminalização dxs imigrantes. Há inúmeros casos em que a polícia tentou evitar registrar as queixas de ataques racistas, negou a natureza racista da situação, não tomou nenhuma atitude ou, ainda, criminalizou as próprias vítimas.

Um artigo relata que em meados dos anos 1970 em Bradford, os rumores de que mulheres paquistanesas foram atacadas por homens brancos eram impossíveis de ser confirmados, porque a polícia não queria dar informação de casos de mulheres asiáticas atacadas por homens brancos, argumentando que isso iria inflamar a comunidade asiática. Em contraposição, a polícia não hesitava em dar informações sobre ataques contra mulheres brancas se o agressor fosse negro.

Como relembra a imigrante Clare Murphy, "(...) onde havia muitos ataques em Brick Lane contra bengalis por *skinheads* ou outros racistas, o que geralmente acontecia era que o ataque era feito, alguém ligava para a polícia, provavelmente um bengali. A polícia levava muito tempo para chegar lá, e quando chegava os agressores já tinham fugido, provavelmente ouvindo as sirenes. Bengalis da vizinhança saíam, possivelmente com pedaços de madeira ou algo para se proteger. E eram elxs que eram presxs por porte de armas. (...) Não havia proteção policial suficiente; diziam que iam prender bengalis com pedaços de madeira ou o que fosse. A polícia fez insinuações sobre xs bengalis serem xs agressorxs".

Era comum que a única ação da polícia fosse a de questionar as vítimas e testemunhas pedindo provas de sua identidade e situação legal. Entretanto, em muitas ocasiões, quando as comunidades asiáticas começaram a se defender, ficou evidente uma preocupação maior da polícia com os incidentes racistas, porém com situações de prisão das vítimas e criminalização assustadoramente comuns.

Isto não era novidade naquela época: um relatório de 1970 da organização *Runnymede Trust* já relatava uma situação em que a

UMA LUTA ANTIFASCISTA

polícia reagiu apenas quando surgiram rumores de que asiáticxs estavam comprando armas para se defender dos ataques.

Ficou muito conhecido o caso dos irmãos Virk, que foram atacados por racistas em frente à casa em que viviam em East Ham em 1977. Os irmãos se defenderam, e um dos agressores foi ferido com uma facada. Os Virks chamaram a polícia, que quando chegou os prendeu. No julgamento, as testemunhas de acusação eram os jovens brancos que tinham atacado os irmãos, enquanto os advogados de defesa tentavam demonstrar a natureza racista do ataque. Em julho de 1978, os quatro irmãos sikh de East Ham, Mohinder, Balvinder, Sukvinder e Joginder Singh Virk foram condenados por lesão corporal grave e sentenciados a doze anos e três meses. Este caso teve grande importância no desenvolvimento de organizações de autodefesa como o *Standing Committee of Asian Organizations* e o *Newham Defense Committee*.

Os anos 1970 chegavam ao fim, mas os ataques racistas permaneciam comuns. De 1978 a 1980 diversos casos ocorreram, incluindo uma série de assassinatos. Em 1978, um garoto de 10 anos de idade chamado Kennith Singh foi espancado até a morte perto de sua casa em Plaistow, a leste de Londres, e seu corpo foi encontrado em uma pilha de lixo. Os assassinos nunca foram encontrados, assim como na maior parte dos ataques racistas que aconteceram na região. A segunda metade da década também foi marcada pelos ataques frequentes da *Anti-Paki League* (Liga Anti-Paquistaneses), criada pela gangue *Trojan Tilbury Skins*, formada por garotos que eram *skinheads* desde o final dos anos 1960 e outros mais jovens. A gangue deixava explícito seu ódio a imigrantes paquistanesxs e asiáticxs em geral, e faziam *paki-bashings* constantemente em East End, tendo sido apontados como grandes responsáveis por muitos dos ataques à comunidade asiática em 1977.

ANTIFA

ALTAB ALI: AS COMUNIDADES SE MOBILIZAM

Em 1978 a região de Brick Lane passava por muitos ataques, alguns deles com presença de centenas de agressores. Em um deles, 150 jovens brancos atacaram Brick Lane aos gritos de "mate os negros bastardos", quebrando janelas e para-brisas de carros de lojistas asiáticos. Um deles, Abdul Monam, perdeu dois dentes e levou cinco pontos no rosto após ter ficado inconsciente com a chuva de pedradas que atingiram sua loja.

Em 4 de maio de 1978, Altab Ali, um garoto bengali de 25 anos, estava voltando para casa depois do trabalho na fábrica no East End de Londres quando foi esfaqueado por três adolescentes *skinheads* — Roy Arnold e Carl Ludlow, de 17 anos, e um terceiro garoto de 16 anos. Deixaram uma mensagem em um muro próximo que dizia "Nós voltamos".

"Quando Altab Ali foi assassinado" — relembra o imigrante bengali Sunahwar Ali — "todxs ficaram furiosxs com isso, e muitxs jovens o conheciam porque era uma pessoa local. Desde 1976, muitos ataques racistas estavam acontecendo e se tornou um ponto de virada neste incidente. Na época em que Altab Ali foi morto, todo mundo disse, 'isso foi o bastante, agora precisamos fazer alguma coisa', e como resultado conseguimos organizar a manifestação e foi uma das maiores concentrações já vistas na história."

A morte de Altab Ali foi um momento emblemático na formação e consolidação de organizações de imigrantes, e desencadeou diversas mobilizações da comunidade asiática e movimentos antirracistas, no que hoje é lembrado como a "Batalha de Brick Lane de 1978". Dez dias após sua morte, no dia 14 de maio, milhares de imigrantes e antirracistas marcharam contra a violência atrás do caixão de Altab Ali, em uma das maiores manifestações da população asiática na Inglaterra. Centenas de cafés, restaurantes e lojas

UMA LUTA ANTIFASCISTA

fecharam em apoio. Grupos como a *Action Committee Against Racial Attacks*, *Tower Hamlets Against Racism and Fascism*, *Trades Council* e a *Anti-Nazi League* ajudaram a reunir e articular protestos e redes de solidariedade. Grupos como o *Bangladesh Youth Movement* ampliaram suas ações, e nas ruas havia gangues de jovens locais para combater os ataques *skinheads*. Durante a marcha do funeral surgiram slogans a partir de então muito utilizados pelo movimento, como "Self defense is no offense" (autodefesa não é agressão), "law and order for whom?" (lei e ordem para quem?), "Who killed Altab Ali? Racism!" (quem matou Altab Ali? O racismo!), "Black and White, unite and fight!" (Negrxs e brancxs, se unam e lutem!), e "Here to stay, here to fight!" (Aqui para ficar, aqui para lutar!).

Rajonuddin Jalal, um dos envolvidos na formação do BYM, lembra que "foi um evento muito emocionante, centenas de pessoas vieram. Nunca antes bengalis vieram de forma tão numerosa. Emocionante no sentido de que o evento não foi organizado por pessoas que eram profissionais no campo político. Foi uma resposta comunitária espontânea a um acontecimento".

Ao mesmo tempo em que acontecia a passeata, alguns grupos como a *Progressive Youth Organisation* decidiram não participar da manifestação para proteger seus bairros, que estando vazios eram um prato cheio para ataques racistas. Como haviam pensado, Brick Lane foi atacada, e os membros do grupo conseguiram confrontar os agressores fisicamente e detê-los. Outros casos assim aconteceram depois.

Cada vez mais, as comunidades vão se organizando tanto no campo político quanto no nível da autodefesa de rua. Além das organizações mais amplas e politicamente voltadas a lidar com questões específicas como racismo, educação, moradia, etc., iam se formando pequenos grupos de vigilância que tentavam defender suas comunidades dedicando-se a lutar contra racistas, apoiando também comunidades de outros locais. Segundo Mohammed Abdus Salam, sentiam que deveriam "(...) ser física e intelectualmente resistentes. Também acreditávamos que tínhamos que preparar nossxs jovens para seguir com suas próprias pernas e revidar. Então começamos a fazer treinos físicos e kung-fu. (...) Sabíamos que a polícia não ia nos ajudar e apoiar, a polícia estava sempre do lado das pessoas brancas. Por isso desenvolvemos a tática de bater e correr. (...) Gradualmente nosso grupo se tornou maior e maior".

Conforme a juventude vai ganhando confiança e começa a partir para a ofensiva, as atividades vão ganhando ainda mais impulso. Nessa época surge a *Hackney and Tower Hamlets Defence Committee*, que participou de diversas ações como a manifestação em frente à Delegacia de Bethnal Green contra a brutalidade policial e a inação contra os ataques racistas; ocupação da esquina entre Brick Lane e Bethnal Green Road reivindicando o fechamento do ponto de vendas da NF de seus jornais e materiais racistas e fechamento de sua sede na área; patrulhas em Brick Lane aos sábados para barrar os encontros de racistas que se reuniam para planejar os ataques dos domingos; organização do Dia de Solidariedade Negra, um dia inteiro de greve em Tower Hamlets contra ataques racistas que levou toda a região a uma paralização; ações de oposição ao plano governamental de construção de guetos segregados para comunidade bengali, entre outras. Toda esta movimentação e os inúmeros confrontos nas ruas contribuíram definitivamente pra que os racistas fossem retirados finalmente da área, e a *National Front* tivesse sua sede na região fechada.

No verão de 1978, grupos antirracistas e comunidades asiáticas de East London e Southall intensificaram as ações contra a *National Front* e os ataques racistas, tendo recebido apoio e visitas de líderes de sindicatos e autoridades políticas. "Em 1978, após a morte de

Altab Ali" — recorda Sunahwar Ali — "em um domingo a *National Front* marchou por Brick Lane e começou a quebrar todas as janelas das lojas. (...) As pessoas gritavam, nós saímos e vimos que a *National Front* e os *skinheads* estavam vindo com paus e pedras em marcha. Eram cerca de 25–30 em número. Domingo era o dia de folga e a maior parte de nós estava ali de vigilância para algum ataque ou algo do tipo, estávamos mentalmente preparados para nos defender. Saímos para encará-los, a polícia chegou cinco minutos depois. Eles conseguiram prender alguns deles. Não sei o que aconteceu depois da prisão. Mas na primeira meia hora a polícia não fez nada, enquanto quebravam as janelas das lojas bengalis. Tivemos que lutar com eles mano a mano. Pensamos, isto é Brick Lane, esta é nossa casa e se não defendermos Brick Lane não podemos viver neste país. Nós tivemos que fazer isso, não havia outra escolha."

Em junho, uma semana depois de ataques racistas organizados em Brick Lane e East End, a ANL organizou em conjunto com as organizações da comunidade bengali local uma manifestação com presença de mais de 4 mil pessoas, e outras ações foram feitas em contraposição à NF no decorrer de julho. Ainda nesse mês 8 mil trabalhadorxs entraram em greve após um chamado da *Hackney and Tower Hamlets Defense Committee* por um Dia de Solidariedade Negra. A prisão de dois jovens bengalis após um incidente em que foram atacados também levou a manifestações com cerca de 3 mil pessoas em frente à delegacia de Bethnal Green em 18 de julho do mesmo ano.

Com o fim da batalha nas ruas de 1978, as organizações começam a se estruturar coletivamente. Surgem iniciativas como a Federação Bangladeshi de Organizações da Juventude (FBYO), que envolvia as organizações *Bangladesh Youth Movement*; *Bangladesh Youth Association*; *Progressive Youth organisation*; *Bangladesh Youth*

League Birmingham; Sunderland Bengali Youth Organisation; Bangladesh Youth Approach; Shapla Youth Force; Weavers Youth Forum; Bangladesh Youth League; Bangladesh Youth League Luton; Eagle Youth Organisation; Overseas Youth Organisation; Hackney Bangladesh Youth Organisation; Wallsall Youth Organisation; Bradford Youth Organisation e a *League of Joi Bangla Youth*, entre outras. Publicaram uma revista bilíngue chamada *Jubobarta*, se envolveram em produção de documentários e passaram a debater e agir nas esferas políticas com relação às necessidades e urgências da comunidade em todas as esferas da vida.

Em 1979 é publicada também a primeira revista da AYM em Bradford, com o nome de *Kala Tara*, que significa "Estrela Negra" — uma identificação com as lutas negras. "O racismo é violento e os racistas estão fazendo barulho. A iminente crise econômica irá colocar nossas vidas ainda mais em risco neste país. Cabe à comunidade negra como um todo se erguer e tomar as rédeas da luta contra o racismo", dizia a primeira página da revista. *Kala Tara* também divulgou diversas campanhas da AYM, como campanhas contra deportações e separação de famílias, denúncias de políticas racistas de restrição de imigração, fotografias de manifestações públicas e outras atividades.

PARTE III

SOUTHALL, 1979

Nas Eleições Gerais de 1979, a *National Front* emplacou 303 candidatos, o que não só colocava o partido em outro patamar na política nacional, como lhe dava o direito a tempo no rádio e televisão. Em resposta, a ANL e seus apoiadores se opuseram à NF em todos os lugares em que fizessem comícios eleitorais.

UMA LUTA ANTIFASCISTA

Em abril, a *National Front* realizaria um comício eleitoral no Southall Town Hall, o que foi considerado como uma provocação, já que Southall tinha uma das maiores comunidades asiáticas do país. Um dia antes do comício, cinco mil pessoas marcharam até Ealing Town Hall para protestar contra a NF, entregando uma petição assinada por 10 mil moradorxs. No dia seguinte, 23 de abril, lojas locais, fábricas e transporte público pararam em greve a partir das 13 horas, e a rua foi bloqueada. Mais de dois mil policiais foram proteger os apoiadores da NF, em muitos casos escoltando-os até o local. Pouco depois, conforme Balwindar Rana relembra, "(...) um ônibus passou, com *skinheads* dentro, fazendo sinal de v. Alguns dxs jovens asiáticxs começaram a brigar com os *skinheads*, e a polícia respondeu agredindo xs asiáticxs". Com participação de centenas de manifestantes, este ato se tornou uma batalha com a polícia, que teve quarenta pessoas feridas e 300 presas. Pelo menos três pessoas tiveram traumatismo craniano, e outras foram espancadas até perderem a consciência. Militantes antirracistas passaram a noite toda resgatando garotxs asiáticxs que foram presxs pela polícia e que, após apanharem, eram jogadxs nos arredores distantes de Londres.

Blair Peach, um professor que fazia parte da *Anti-Nazi League*, morreu com ferimentos na cabeça causados pela polícia. Na televisão, políticos e "especialistas" condenavam a população de Southall pelo ocorrido, exibindo apenas imagens de policiais feridos. No sábado, quinze mil pessoas marcharam em memória de Peach, e durante a semana que se seguiu, foram muitas as discussões, panfletagens e atividades.

Seu enterro, no dia 13 de junho, foi acompanhado por dez mil pessoas, e no ano seguinte outras dez mil marcharam por Southall em sua memória. Uma escola recebeu seu nome em homenagem, e outras atividades foram organizadas desde então. Neste contexto há também o surgimento do *Southall Monitoring Group*, em meio a uma campanha para que os assassinos de Blair Peach fossem julgados. O trabalho principal do grupo era o monitoramento de ataques racistas e atividade policial. Outro grupo que surge em meio às manifestações por Blair Peach é o *Southall Black Sisters*, que se engaja diretamente na luta contra o machismo e pelo direito de autodefesa da mulher.

AKHTAR ALI BAIG

Também teve grande repercussão o assassinato de Akhtar Ali Baig por uma gangue *skinhead* em julho de 1980, na East Ham High Street. Baig foi parado por dois garotos e duas garotas de 15 a 17 anos e esfaqueado no coração por Paul Mullery, de 17 anos. A polícia tentou descrever o ataque como não sendo racista, mas testemunhas seguiram os *skinheads* até uma de suas casas permitindo que fossem identificados. Dois deles eram conhecidos por professorxs da Plashet School que já haviam ouvido comentários racistas e presenciado ataques a asiáticxs na escola. A polícia também encontrou material nazista e da *National Front*, além de menções contra paquistanesxs no quarto de um dos membros da gangue.

Logo após o assassinato, 150 jovens asiáticxs e afro-caribenhxs marcharam até a Delegacia de Polícia Forest Gate, mas a polícia se negou a dar qualquer informação. Neste contexto é formado o *Newham Youth Movement*, chamando manifestações em massa que levaram a muitas prisões. Em 19 de julho, 2500 pessoas seguiram em passeata por Newham, com mais vinte e nove prisões após conflitos com a polícia. A segunda manifestação foi organizada pelo *Newham Youth Movement* e o *Steering Committee of Asian Organizations*, e foi apoiada por mais de cinco mil pessoas. A pressão para que o racismo não fosse ignorado era grande, e por fim o juiz concluiu que o assassinato foi "plenamente motivado por ódio racial". — "Tudo por uma merda de paki", disse Paul Mullery no julgamento.

A partir de uma campanha comunitária por justiça logo após o assassinato, surge o *Newham Monitoring Project*, com o propósito de monitorar ataques racistas e a resposta das autoridades policiais e locais. Como até mesmo as autoridades locais admitiram em 1981, os ataques racialmente motivados eram muito comuns, atingindo cerca de 60 vezes mais as pessoas negras/asiáticas do que as brancas. Em abril, ocorre uma revolta em Brixton logo após um incêndio fatal, com reivindicações da comunidade de que a polícia investigasse suas causas, já que acreditavam ter sido um ataque racista. A polícia agiu de forma truculenta e fez diversas prisões.

AS REVOLTAS DE 1981

Cada vez mais, as comunidades asiáticas iam se organizando e nenhuma violência racista acontecia sem resposta. Julho de 1981 é lembrado até hoje pelas diversas revoltas populares que ocorreram no Reino Unido durante o mês. Logo em seus primeiros dias, em 4 de julho, estava marcado em Southall um show com as bandas oi! *The Business, The Last Resort* e *4-Skins* na Hambrough Tavern, e centenas de *skinheads* vieram de diversas partes de Londres para ir ao show. Segundo testemunhas da comunidade, no percurso janelas de comércios asiáticos foram quebradas, slogans da *National Front* pixados e lojistas asiáticxs e outras pessoas foram agredidas nas imediações da Broadway, a caminho do pub. A *Southall Youth Movement* foi alertada por moradorxs locais, e coordenou uma resposta imediata e massiva, reunindo em pouco mais de uma hora uma enorme quantidade de ativistas e apoiadorxs em frente ao bar. Ante a falta de resposta da polícia aos pedidos de que o show fosse parado, xs jovens começaram a forçar fisicamente a saída dos *skinheads*. Uma enorme batalha com a polícia começou, e moradorxs da área quebravam seus próprios muros em solidariedade, passando tijolos para xs jovens e apoiando xs feridxs. Centenas de jovens asiáticxs locais jogaram bombas e incendiaram a Hambrough Tavern, deixando tudo em chamas.

Os restos queimados da Hambrough Tavern se tornaram um santuário da resistência da comunidade aos ataques racistas e uma cena de alegria para a comunidade local. O Incêndio na Hambrough Tavern enviou um sinal pelo país de que Southall era uma área imprópria para racistas e de que a comunidade asiática iria se erguer e defender a si mesma.[5]

O clima de tensão foi aumentando nos dias seguintes. No dia 9, surgiram rumores da ameaça de ataque a um templo sikh onde aconteceria uma reunião da *Anti-Nazi League*. A polícia pedia aos comerciantes que protegessem suas lojas devido ao iminente ataque de *skinheads*, enquanto grupos de jovens saíram às ruas para enfrentá-los. No dia seguinte, mais uma vez a polícia avisou a comerciantes que cobrissem suas janelas com tábuas, e nas proximidades de Hounslow e Handsworth todo o comércio estava coberto com pedaços de madeira. Em Handsworth, a polícia informava que um grupo de *skinheads* vinha do leste de Bromwich para atacar. Na mesma noite, uma gangue passou por Chapeltown aos gritos de slogans racistas e de torcidas organizadas de futebol, destruindo vidraças de comércios. Em Southall, centenas de jovens asiáticxs, caribenhxs e brancxs saíram em passeata, e um violento confronto aconteceu com a polícia, com destruição de carros e viaturas incendiadas. Em Woolwich, cerca de 300 pessoas saíram às ruas para impedir o ataque, que não aconteceu, acabando em

---

5. Balraj Purewal, op. cit.

mais um confronto com a polícia. No mesmo dia, em Brixton, um homem foi detido após impedir uma abordagem policial abusiva na rua, gerando novos conflitos.

Em Luton, jovens de diversas etnias caçaram os *skinheads* que se reuniam no centro da cidade, atacando a polícia que os protegia e destruindo a sede do partido conservador. Havia ali um ativo movimento contra o racismo, e nesta época ocorreram muitos ataques racistas, incluindo um ataque em uma mesquita e um templo sikh. Em maio uma marcha antirracista organizada pelo *Luton Youth Movement* foi atacada por cerca de trinta *skinheads*. Mais tarde, o mesmo grupo atacou uma mulher asiática e duas crianças na Avenida Pomfret. Durante as revoltas de julho, jovens negrxs, brancxs e asiáticxs de Luton atacaram um bar frequentado por estes *skinheads* e houve confronto com a polícia no Bury Park. No dia seguinte, rumores de que um festival em High Town seria atacado motivaram uma manifestação que terminou em um conflito violento com a polícia, com coquetéis molotov e muitas prisões.

Em Toxteth, um jovem negro foi acusado pela polícia de ter roubado a moto que dirigia. Outro homem negro intercedeu e acabou sendo preso, culminando em confrontos com a polícia, barricadas e incêndios nos dias que se seguiram. Quase como num efeito dominó, muitas outras regiões com grande população não branca foram tomadas por revoltas populares, tomando proporções gigantescas em lugares como Birmingham, Southall, Nottingham, Manchester, Leicester, Southampton, Halifax, Bedford, Gloucester, Wolverhampton, Coventry, Bristol e Edinburgo. Começaram a acontecer saques, incêndios de prédios, destruição de carros. Posteriormente a mídia e demais discursos acabaram se focando muito mais em críticas relacionadas a vandalismo e comparações vazias com rebeliões anteriores em Brixton. Assim, foram ignoradas as origens destas revoltas — a ameaça de ataques racistas, a indiferença policial e a criminalização das vítimas, assim como o uso da lei sus (*Stop and Search*), que permitia a detenção sem provas de pessoas com atitude considerada suspeita de forma injusta e racista.

BRADFORD 12

Tendo em vista os acontecimentos recentes em Southall, Londres e outras áreas onde famílias negras foram atacadas com bombas e assassinadas, onde a juventude negra assim como em Depford tem sido espancada até a morte, recebemos a notícia de que ônibus cheios de *skinheads* estavam vindo para Bradford muito seriamente. Muitas pessoas em Bradford de todas as esferas de vida estavam falando abertamente desta forma. Acredito que quando as pessoas são atacadas é seu direito agir em autodefesa. A natureza desta defesa depende da natureza do ataque e dos agressores. A defesa do povo negro e todxs xs trabalhadorxs e pessoas que são ameaçadas pelo fascismo necessitam de organizações de defesa: é com isto em mente que fizemos o que fizemos.[6]

Em meio às revoltas, em 11 de julho de 1981, doze jovens da *United Black Youth League* foram presos em Bradford, acusados posteriormente de posse de explosivos e conspiração. Tudo começou a partir de rumores de que a *National Front* ou os *skinheads* estariam indo à Bradford, e a polícia pediu que todos ficassem em casa. Conforme Tariq Mehmood relembra, a comunidade decidiu agir: "(...) achamos que isto era totalmente errado. Não iríamos ficar em casa, a gente ia sair e organizar as pessoas". No final de semana anterior já tinham acontecido ataques em outras cidades e a resposta da polícia mostrou a necessidade de que as comunidades se defendessem por si próprias. "(...) Tomamos a decisão de não

---

6. Declaração de Tariq Mehmood Ali para a *West Yorkshire Police*, 31/7/1981.

UMA LUTA ANTIFASCISTA

deixar uma situação similar acontecer em Bradford, com fascistas andando e destruindo a parte de Bradford onde as comunidades negras viviam", disse Saeed Hussain. Prepararam bombas e molotovs para caso o ataque realmente acontecesse, mas os fascistas não atacaram Bradford e pouco depois se soube das prisões.

Este caso gerou enorme repercussão, e em uma reunião logo em seguida entre pessoas da comunidade negra e asiática e membrxs da esquerda branca, decidiu-se pela criação de uma campanha de solidariedade que tomaria grandes proporções: Bradford 12.

Houve piquetes contínuos na prisão e na audiência, criação de comitês de apoio em outras localidades, panfletos e cartazes em diversas línguas, e mobilizações com grande participação de pessoas. "Não há nenhuma conspiração, além da conspiração policial", dizia um dos slogans.

Giovanni Singh, Praveen Patel, Saeed Hussain, Sabir Hussain, Tariq Ali, Ahmed Mansoor, Bahram Noor Khan, Tarlochan Gata Aura, Ishaq Mohammed Kazi, Vasant Patel, Jayesh Amin e Masood Malik se apresentaram no Tribunal de Leeds em 26 de abril de 1982, e o julgamento durou 31 dias. Por fim, a comunidade ganhou o julgamento, como relembra Saeed Hussain: "Sim, nós realmente ganhamos o julgamento, mas a vitória real foi que as comunidades negras realmente demonstraram que tinham o direito de defender a si mesmas. E acho que isso foi levado para outras partes do país também".

OS ANOS 1980 PROSSEGUEM...

Os ataques racistas prosseguiram no decorrer da década, com assassinatos, espancamentos e perseguições. Em meados dos anos 1980 os ataques denunciados contra a comunidade negra e asiática haviam mais do que dobrado. Em 1987 estimava-se que uma em cada quatro pessoas não brancas haviam sido vítimas de ataques racistas.

Nas escolas, a situação era bastante problemática, com tentativas sistemáticas de infiltração da extrema direita junto à juventude. Já no início da década se intensificam as atividades da *National Front* e outros partidos e grupos com panfletagens, recrutamento, distribuição de literatura racista e outras ações em escolas, com um crescimento alarmante da infiltração fascista e dos esforços de cooptação da juventude branca.

Desde 1977, a *Young National Front*, braço da NF, passa a atuar focada na juventude, como uma das primeiras organizações a lançar campanhas em escolas. A YNF também difundia o boletim *Bulldog*, editado por Joe Pearce, e suas investidas com grupos de jovens e bandas musicais de caráter nacionalista rendeu a aproximação com Ian Stuart e a banda *Skrewdriver*, que seriam peças chave na consolidação de *skinheads white power*, abertamente neonazistas, na Inglaterra.

A violência racista nas escolas e *playgrounds* também ganhava maior impulso, e surgiriam inclusive organizações de professorxs brancxs com o intuito de dar aulas particulares para as crianças brancas. Neste momento já existem movimentos como a *All London Teachers Against Racism and Fascism* (ALTARF), com monitoramento dos incidentes racistas e atividades de combate.

Entre os ataques racistas e atuação política da extrema direita, os esforços de recrutamento fascista na juventude branca, as investidas do Estado com legislações de imigração, deportações, racismo policial e problemas econômicos, a situação das comunidades imigrantes era muito difícil. Tudo isso, porém, não acontecia sem que houvesse resposta das comunidades asiáticas e negras organizadas com apoio de movimentos antifascistas. Houve novos casos de pri-

UMA LUTA ANTIFASCISTA

sões e repressão policial após situações de autodefesa, como o caso de Ahmed Khan em 1982 e Newham 7 em 1984, que geraram uma intensa campanha de solidariedade. Houve também muitas campanhas contra deportações e legislações de imigração, ações de apoio às lutas antiapartheid na África do Sul e da causa Palestina, publicações de revistas, jornais e materiais informativos, solidariedade a greves operárias, apoio jurídico e físico à vítimas de ataques, e atividades diversas ligadas ao incentivo da autodefesa e combate ao racismo.

A crescente organização das comunidades que, desde 1976, tomava grande impulso, criou novos contextos e possibilidades de luta. O mito dos povos asiáticos como pessoas passivas e tímidas havia sido quebrado, e a juventude mostrou que estava ali para ficar, e que lutaria até o fim por suas comunidades.

As organizações negras da cidade, particularmente a comunidade bengali e a AYM, mostraram como a resistência unida pode ser efetiva. (...) Agora é hora de nos livrarmos de todas as hesitações que temos. Precisamos nos unir. Precisamos defender os direitos de nossa própria comunidade (...) Nosso direito a permanecer aqui e nosso direito de lutar contra o racismo.[7]

BIBLIOGRAFIA

ALTAB ALI FOUNDATION. *Commemorating Altab Ali Day 4 May against racism and fascism.*

ASIAN YOUTH MOVEMENT BRADFORD. *Kala Tara* #1.

ASIAN YOUTH MOVEMENT MANCHESTER. *Liberation.*

ASIAN YOUTH MOVEMENT SHEFFIELD. *Kala Mazdoor* #1.

BOWLING, Benjamin. *Violent Racism: Victimization, Policing and Social Context.* Inglaterra: Oxford University Press, 1999.

CAMPAIGN AGAINST RACISM AND FASCISM BOLETIM. *Racist Activity in Schools.*

---

7. Boletim *Kala Mazdoor* #1, *Asian Youth Movement Sheffield.*

GORDON, Paul. *Racial Violence and Harassment*. Inglaterra: The Runnymede Trust, 1990.

KERSHEN, Anne. *Strangers, Aliens and Asians: Huguenots, Jews and Bangladeshis in Spitalfields 1666–2000*. Inglaterra: Routledge, 2005.

LONG, Lisa. *Revolution and Bloodshed: Representations of African Caribbeans in the Leeds press 1968–1989*. Tese de mestrado, Universidade de Huddersfield, Inglaterra.

MANZOOR, Sarfraz. "Black Britain's darkest hour", *Guardian*, 24/02/2008.

PROCTER, James. *Writing Black Britain 1948–1998: An Interdisciplinary Anthology*. Inglaterra: Manchester University Press, 2000.

RAMAMURTHY, Anandi. "Secular Identities and the Asian Youth Movements". In: *10th International conference on alternative futures and popular protests*. Inglaterra: Manchester Metropolitan University, 2005.

_____. *Kala Tara: A History of the Asian Youth Movements in Britain in the 1970s and 1980s*. Produção audiovisual com a colaboração de Migrant Media, 2007.

REES, John & GERMAN, Lindsey. *A People's History of London*. EUA: Verso Press, 2012.

TEARE, Keith. *Under Siege: Racism and Violence in Britain Today*. Inglaterra: Penguin, 1988.

THE ASIAN HEALTH AGENCY. *Young Rebels: The Story of the Southall Youth Movement*.

THE RACE TODAY COLLECTIVE. *The Struggle of Asian Workers in Britain Reflecting on the Trial of the Decade: The Bradford 12*.

WITTE, Rob. *Racist Violence and the State: A Comparative Analysis of Britain, France and the Netherlands*. EUA: Longman, 1996.

WOOLEY, Simon. *Ugandan Asians in Britain*, Operation Black Vote.

THE SOUTHALL HISTORY. Disponível em: *http://www.thesouthallstory.com.*

SWADHINATA TRUST. Disponível em: *http://www.swadhinata.org.uk/.*

TANDANA – GLOWWORM. Disponível em: *www.tandana.org.*

URGÊNCIA DAS RUAS: EMBATES ANTIFAS NO PRESENTE

Não começou ontem, não vai terminar com as eleições*

Nos últimos dias, Mestre Moa morreu após levar doze facadas em uma discussão com um eleitor de Bostonazi. Uma garota foi torturada pela polícia após ser pega escrevendo "elenão" no muro perto de sua casa. Outra garota que andava na rua com uma camiseta com os mesmos dizeres foi agredida e teve uma suástica marcada à faca em sua barriga. Um senhor teve sua receita rasgada pela médica que o atendia quando disse a ela que seu voto não era para Bostonazi. Outras tantas pessoas foram agredidas verbal e fisicamente, perseguidas e alvo de diversos tipos de violência nos últimos dias, pelos mesmos motivos.

Mas a violência no Brasil não se inicia no processo eleitoral de 2018. Há 520 anos indígenas e negrxs são alvo de um verdadeiro genocídio; a polícia mata diariamente nas periferias; mais de uma centena de mulheres é estuprada todos os dias no país; lésbicas, gays, pessoas trans e bissexuais são mortxs, humilhadxs, agredidxs — lembrando que o Brasil é o país onde mais se mata pessoas trans no mundo inteiro; ativistas de movimentos sociais são perseguidxs e muitas vezes assassinadxs; grupos neonazis espancam, atacam e matam pessoas nas ruas; mulheres morrem aos montes em abortos clandestinos; os problemas sociais são tratados como caso de

---

*. Originalmente publicado pela *Imprensa Marginal*, às vésperas das eleições de 2018.

polícia e a população é massivamente encarcerada em verdadeiros depósitos de seres humanos. Há 520 anos somos exterminadxs, e reina a lógica racista, misógina, LGBTfóbica.

E enquanto alguns homenageiam antigos torturadores da ditadura militar como se fossem heróis, poucos se lembram das tantas Cláudias, Marielles, pessoas mortas nos Crimes de Maio, no Massacre do Carandiru, em Eldorado dos Carajás, e tantas outras chacinas que ocorrem diariamente pelo país que em grande parte das vezes terminam com condecorações para a polícia ou simples afastamentos temporários.

Temos visto muitas discussões e debates entre anarquistas, feministas, antifascistas e libertárixs, em geral com opiniões bastantes diferentes sobre o que fazer. O processo eleitoral de 2018, mais ainda do que todos os anteriores, se mostrou uma novela de mau gosto, com episódios pautados em todo tipo de jogo sujo. Temos, obviamente, o ponto em comum de que ninguém vê com bons olhos a presidência de Bolsonazi, com todo seu racismo, machismo e homofobia escancarados e a defesa de políticas de extrema direita, ditadura militar, tortura, etc. O ponto em desacordo, muitas vezes, tem sido a possibilidade do uso do voto como ferramenta estratégica para não permitir que ele seja eleito ou, por outro lado, a estratégia, desde sempre cara a muitxs anarquistas, da campanha pelo voto nulo ou abstenção como meio de trazer à tona o caráter ilusório das urnas como meio de mudanças sociais reais, e a propaganda pela criação de organizações populares horizontais. Nesse meio surge também todo um processo de mulheres se organizando em dezenas de cidades e indo às ruas massivamente contra Bolsonazi — e que bom ver as pessoas indo às ruas.

Porém, uma coisa é fato. Tudo isso que se está vivendo no Brasil atual está muito além de Bolsonazi, que de certa forma é só a parte mais visível de um problema muito maior, e que também começou muito antes de que este se tornasse o ícone midiático que é hoje. Por mais heterogênea que seja sua base eleitoral, é nitidamente visível pelas estatísticas a presença entre seus apoiadores de um número enorme de jovens. Desse número, obviamente há aquelxs que, fechando os olhos para tudo de retrógrado que Bolsonazi representa, veem-no erroneamente como uma suposta "solução" à desesperança com a atual situação política e o descrédito que a esquerda partidária caiu, a partir da associação no senso comum entre esquerda e corrupção — mas também a partir de anos de políticas que procuraram amansar movimentos sociais, alianças esdrúxulas pautadas por uma suposta governabilidade e políticas ditadas, por fim, pela lógica do capital e das grandes corporações mundiais, com seus interesses que obviamente nada têm a ver com os nossos.

Mas dentro de tudo isso é preocupante o crescimento exponencial de um outro tipo de mentalidade entre a juventude — aquela que flerta realmente com a extrema direita, o ideário fascista, as declarações racistas, misóginas e homofóbicas do candidato. É assustador como nesse quadro as pessoas se sintam cada vez mais à vontade — e com apoio — para agir violentamente, agredir, vomitar ideias fascistas abertamente, e fazer valer de todas as formas sua intolerância. Se antes denunciávamos a ação fascista violenta de pequenos grupos como *skinheads white powers*, separatistas, integralistas e outros dessa corja, agora vemos vizinhos, parentes, pessoas conhecidas ou nem tanto, que defendem Bolsonazi e suas declarações absurdas, defendendo golpes e intervenções militares, ações truculentas da polícia, pena de morte, e por aí vai. Mas isso não é obra de Bolsonazi, por mais influência que tenha no momento. É um processo que surge antes com múltiplos fatores, e que encontra ele como rosto visível nesse momento, contribuindo para que se amplie. Mas a verdade é que nos próximos tempos, com ou sem Bolsonazi, podem surgir novos ícones, novos rostos, novos porta-vozes. E a era da internet e das redes sociais ajuda muito nisso. Esse tipo de mentalidade tem se instalado e espalhado na juventude que, cansada do que existe, tem se alinhado à direita de forma extremamente preocupante.

Tempos estranhos nos esperam, e cabe a nós anarquistas, feministas, antifascistas, analisar essa conjuntura com cuidado, procurar entender como se deu e tem se dado esse processo, quais as nossas falhas durante esses anos todos, e como lidar com a situação para que seja possível seguir para outros rumos. Para além de Bolsonazi, que soluções reais podemos criar e colocar em prática coletivamente para fazer frente a isso? Nossas discussões e ações coletivas precisam ir além!

Essa luta não começou ontem, nem vai terminar graças a eleições. Essa luta está para além das urnas ou de um período eleitoral, ela deve seguir nas ruas, todos os dias.

Somos todos antifa, menos a polícia
Sobre como e com quem lutamos[*]

A REAÇÃO BATE À PORTA

Entramos com tudo em um tempo de reação. A década progressista dá lugar a uma onda de movimentos e governos de extrema direita ganhando espaço em todo o mundo. É difícil acreditar que exista alguma surpresa nisso. Como poderíamos nos surpreender com a eleição de Trump nos EUA e Bolsonaro no Brasil, "quando Putin, Berlusconi, Erdoğan, Modi e Netanyahu têm reinado por anos no mesmo modelo"[1] na Rússia, Itália, Turquia, Índia e Israel?

Estados Unidos e Brasil são os retardatários em uma tendência mundial de governos de direita chegando ao poder democraticamente. Trump e Bolsonaro não são fascistas se usarmos a palavra com rigor histórico e à luz de uma análise apurada de suas influências e características políticas. No entanto, ambos mobilizam emoções e ressentimentos comuns ao fascismo, presentes em grande parte das camadas populares, e também da classe média branca e das elites conservadoras — privilegiadas historicamente desde a época da colonização e da escravidão institucionalizada nas Américas. Eles falam para os que se sentiram "esquecidos" pelas políticas sociais de programas governamentais da última década, como o caso dos democratas de Obama nos EUA, e do PT de Lula e

---

[*]. Originalmente publicado no site *Facção Fictícia* em 07/09/2019.

1. LIAISONS. *In the Name of the People*. EUA: Common Notions, 2018.

Dilma no Brasil. Portanto, entendemos os governos de Trump e Bolsonaro como populistas de extrema direita. Eles buscam aplicar reformas e ataques a direitos sociais conquistados para reinventar uma forma de governar "em nome do povo". Sobretudo, são governos que mantêm a forma democrática, mas praticam a violência de Estado buscando promover a segurança — são as classificadas democracias securitárias.

Estejam eles vindo de raízes "populares" ou apenas apropriando seu estilo, esse grupo [de governantes] exuma aquela chamada aliança entre o soberano e seu "Povo". Eles criam a aparência de um abismo no outro lado onde as elites buscam refúgio, espremidas juntas sob a obscura luz do *deep state*. Esse novos populistas ganharam corações com a promessa de salvaguardar tudo o que, em nome do povo, é idêntico a eles mesmos, a fim de fazê-lo se levantar, em uníssono, contra a ameaça das minorias étnicas, sexuais ou políticas — um gesto que muitas vezes parece se estender ao ponto de incluir, em um momento ou outro, quase todo o mundo. Das entranhas destas massas que vagam longamente no deserto neoliberal, elas ressuscitam um novo Povo de ressentimento.[2]

A VIOLÊNCIA NÃO ACABA, MAS É DIRECIONADA CONTRA AS MINORIAS

Nenhum estado democrático reprime ou elimina definitivamente as milícias ou grupos fascistas e racistas. No Brasil não foi diferente: em 1964 vivemos um golpe de estado com armas, tanques e disposição para matar, torturar e fazer sumir milhares de pessoas. Em 2018, vimos as milícias criminosas, herdeiras do aparato militar ditatorial, que organizaram a vitória eleitoral de seu patrono em plena era democrática. E Jair Bolsonaro não tem nenhuma vergonha em elogiar e estimular ações ilegais como a

---

2. Ibidem.

tortura e o extermínio, seja de suspeitos de cometer algum crime ou de povos originários, que habitam essa terra há milênios. E é nessa área cinza entre o legítimo e o ilegítimo, entre a violência policial legalizada e a agressão criminosa de gangues e milícias, que o fascismo opera e cresce para, quando tomar o controle do Estado, poder usar sua força total através de grupos de extermínio, das polícias e das prisões e campos de concentração mantidos e expandidos nos períodos democráticos.

Bolsonaro — assim como Trump nos EUA ou Putin na Rússia — não pretende acabar ou sequer diminuir com a gigantesca violência necessária para manter o capitalismo neoliberal em sua fase decadente e de crise permanente. O que ele pretende é canalizar essa violência o máximo possível para as minorias políticas: as populações negras, LGBTTTIQ, mulheres, indígenas, imigrantes e pobres. A imagem do "cidadão de bem" que quer ser protegido pela liberação do porte de armas é a imagem do homem branco, de classe média ou alta e heterossexual, que diz querer defender sua família e seu patrimônio da criminalidade, mas se sente muito mais ameaçado politicamente pela ascensão de membros das classes subalternas, pela liberdade das mulheres e de pessoas não heterossexuais ou que praticam sexo de forma dissidente. Os que mais se beneficiam diretamente da política de liberação de armas são os mesmos ruralistas que já praticam torturas e assassinatos nos campos e as milícias que controlam bairros e municípios inteiros em cidades como o Rio de Janeiro. Para o senhor presidente, violência se combate com medidas que apenas aumentam a violência classista, racista e sexista no país.

Para canalizar tal violência contra as minorias, esses líderes precisaram deixar claro seu projeto para serem eleitos. Bolsonaro e Trump não foram eleitos apesar de serem abertamente sexistas, racistas, homofóbicos. Eles foram eleitos justamente porque são tudo isso. E não apenas o presidente, mas vários parlamentares foram eleitos pela mesma lógica. O candidato Rodrigo Amorim quebrou uma placa em homenagem à Marielle Franco em 2018, enquanto fazia campanha para ser deputado estadual no Rio de Janeiro, alegando que estava "restaurando a ordem". Amorim foi eleito como candidato mais votado. Depois de eleito, emoldurou e pendurou a placa quebrada em seu escritório. Para seus eleitores, o fato de ele afrontar publicamente a memória ou qualquer homenagem a uma mulher negra, lésbica, criada na favela e que foi assassinada por policiais, é apenas mais uma "demonstração de caráter" de seu candidato.

Quando analisamos esses perfis e suas ações, concluímos que de nada adianta acusar esses políticos de serem machistas, sexistas ou mesmo fascistas. Isso não fará com que percam apoiadores porque foram essas características que os atraíram. A melhor reposta que podemos dar é saber enfrentá-los mostrando que sua política é apenas mais do mesmo, que serão incapazes de melhorar a vida das pessoas dentro do neoliberalismo e entregarão às pessoas apenas mais frustração. Precisamos mostrar que eles são fracos e ainda mais limitados que a organização e a solidariedade entre as pessoas.

SERIAM OS POLICIAIS NOSSOS ALIADOS? E PORQUE POLÍCIA ANTIFASCISTA É UM CONTRASSENSO

Percebemos, assim, que vivemos em um tempo no qual ideias e emoções fascistas desfilam sem muito receio de se mostrar explicitamente, tentando ganhar propulsão com discursos que canalizam o ódio contra as minorias. Por vezes, com novos nomes, como *alt-right* (Europa e EUA) ou bolsonarismo (Brasil), mas com as mesmas práticas de eliminação e extermínio das formas de vida que elas declaram como insuportáveis e indignas de viver. Hoje, esse fascismo não apenas se serve da democracia, como aprendeu a se perpetuar com uma renovada retórica democrática associada ao desejo por segurança. Eles sabem que as instituições democráticas, ao fim, os favorecem.

Para ficar em um exemplo rápido, e cinematográfico, sobre como as instituições na democracia favorecem o fascismo, assistam ao filme *In the fade*, de Fatih Akin, vencedor em Cannes de melhor filme estrangeiro em 2018. No filme, como na vida, a polícia e o tribunal ficam ao lado dos neonazistas, sejam eles alemães do PEGIDA ou gregos do Aurora Dourada. Assim acontece com qualquer gangue fascista ou neonazista sob o governo de um Estado em qualquer lugar do planeta. Fascismo e Estado democrático de direito não são, necessariamente, antagônicos. E hoje isso é uma verdade por demais evidente.

No Brasil, desde que o bolsonarismo tomou forma político-eleitoral e caminhou em direção à ocupação do governo do Estado por meio da democracia, a temática do antifascismo se espalhou por vários grupos sociais e por indivíduos que geram imagens, *memes* em mídias sociais, camisetas, adesivos, declarações inflamadas, etc. É com alegria que os anarquistas, dedicados às lutas antifascista desde sempre, veem isso. Mas essa alegria não abafa a desconfiança de que essa "onda antifa" em uma esquerda mais ampla seja apenas isso: uma onda; ou pior, uma nova grife, uma identidade ou uma tática de frente única para conter os que são vistos como radicais.

Nesse sentido, é salutar recordar o alerta do coletivo catalão Josep Gardenyes em seu libelo *Uma aposta para o futuro*:

Insistimos na ideia de que o antifascismo é — e tem sido desde os anos 1920 — uma estratégia da esquerda para controlar os movimentos e frear as lutas verdadeiramente anticapitalistas. Ele também sempre foi um fracasso se o pensarmos como uma luta contra o fascismo. As [históricas] estratégias propriamente anarquistas para combater o fascismo foram muito mais efetivas, porque entendiam o fascismo como uma ferramenta da burguesia — e nesse sentido, da democracia —, e dessa forma eles atacaram diretamente o fascismo não no ponto onde ele entrava em conflito com a democracia (direitos, liberdades civis, moderação), mas onde ele convergia com os interesses de proprietários e governantes. (...) O totalitarismo do sistema-mundo atual é uma tecnocracia (...) ele é totalmente compatível com a democracia e não tem nenhuma necessidade de carismas nem de alianças conscientes nem pactuadas entre classes, com seus protagonistas indispensáveis e atores proativos.[3]

O alerta é, no mínimo, pertinente.

Não queremos com isso dizer que os anarquistas possuem o monopólio da luta antifascista, nem tampouco desprezar ou subestimar a atual onda neofascista, assim como as pertinentes reações que ela provoca em amplos setores da sociedade. O alerta provoca uma análise apurada em dois sentidos. Primeiro, é preciso compreender as formas do fascismo contemporâneo e como elas conseguiram equacionar sua presença nas democracias hoje, diluindo as lutas antifascistas no pluralismo democrático e neutralizando seu caráter antissistêmico. Segundo que, ao tomar o antifascismo como principal atividade, os anarquistas correm o risco de cerrar fileiras com aqueles que, mais cedo ou mais tarde, se voltarão contra eles. Os exemplos históricos são inúmeros, não é necessário repeti-los. Como versa um velho jargão militante: mais importante do que saber contra quem lutamos é saber com quem lutamos. Ao que acrescentamos: mais importante que saber o que fazer, é saber como fazer. A nossa luta já é a vida anarquista em ação.

---

3. GARDENYES, Josep. *Uma aposta para o futuro*. Espanha: Edição Subta, 2015, pp. 19–20.

SOMOS TODOS ANTIFA MENOS A POLÍCIA

Mesmo admitindo que uma frente, a mais ampla possível, seja importante para combater o neofascismo, causa, no mínimo, estranhamento que agora temos que presenciar fenômenos bizarros como o surgimento dos chamados "policiais antifascistas". Segundo reportagem veiculada pela revista *Época*, o movimento surgiu em setembro de 2017, composto por policiais civis e militares e demais profissionais da segurança pública. Um de seus criadores, um investigador da polícia civil, diz que o Policiais Antifascismo "busca discutir novas políticas de segurança inserindo o policial no debate público — inclusive no que diz respeito aos seus direitos". A mesma matéria informa que o movimento conta "com 10 mil membros e representações nos 26 estados brasileiros e no Distrito Federal".[4] O cerne das reivindicações do movimento é a crença de que pode haver uma polícia que respeite as liberdades civis e os direitos humanos e que os policiais devem ser vistos e se entenderem como trabalhadores, assim como o são diversos profissionais de outras áreas. Não duvidamos aqui das boas intenções das pessoas, mas não há um só motivo para acreditarmos nessa histórica instituição de opressão.

A polícia emerge, modernamente, no século XIX como um dispositivo de segurança destinado ao cuidado da população. Na antiga Prússia ela surge como medicina social; na França como instrumento das reformas urbanas em resposta às sedições dos trabalhadores; na Inglaterra aparece vinculada à medicina do trabalho, ao controle dos operários nas fábricas e à proteção da propriedade do comércio marítimo. Na América do Norte, a polícia é herdeira direta das patrulhas de caça e captura de escravos fugitivos. Então, além de sua faceta repressiva contemporânea, a polícia é, desde

---

4. "A direita nos considera cães de guarda e a esquerda diz coisas que nos massacram". Revista *Época*, 27/05/2019.

seu início, um instrumento de governo voltado ao processos de normalização biopolíticos, como mostram as pesquisas de Michel Foucault e Jacques Donzelot. Sua forma ostensiva é mais recente, e ao sul do equador foi acrescida de tecnologias de caça e controle coloniais e escravocratas. Nesse sentido, não é exagero dizer que, sob qualquer regime político, a polícia é destacamento dos estados dedicado à manutenção da supremacia racial branca, do controle da classe trabalhadora, da imposição de desigualdade material e do patriarcado: todos os valores e requisitos necessários a um estado fascista. E ainda mais hoje em dia, após o avanço do neoliberalismo do Estado desde os anos 1970, de empresas de segurança privada e do desejo de cada cidadão que clama pela morte do que lhe é insuportável, atuando como um cidadão-polícia.

Assim, quando uma das lideranças do movimento diz, na mesma entrevista, que "o policial é um garantidor de direitos", ele não está dizendo nada além da histórica função desse peculiar dispositivo de segurança. Ele segue, justificando a existência do grupo: "a própria palavra polícia significa 'gestão da *polis*'. Ele [o policial] deve atuar na cidade garantindo direitos. Ele tem que entender que os direitos básicos de um cidadão são os direitos humanos e fundamentais: o direito à vida, à liberdade de expressão". Essa declaração expõe, mesmo que involuntariamente, a vinculação da atividade policial ao dever de manter o cidadão e os grupos sociais atrelados ao Estado. Depreende-se disso que, em sua contingente e elástica atuação rotineira, cada policial é um agente do golpe de Estado cotidiano que impede o rompimento do vínculo subjetivo, operado nas ditaduras e nas democracias, entre sujeito e governo de Estado. Basta reparar que em todas as revoluções modernas, desde a Revolução Francesa e as Independências dos EUA e do Haiti, a única constante invariável é a permanência da polícia — ao lado das prisões, dos exércitos, dos tribunais, das fronteiras. É possível ser antifascista sendo operador de algum destes dispositivos?

A polícia não é o oposto dos fascistas. Eles abusam, sequestram, prendem, deportam e assassinam mais pessoas de cor, mulheres e LGBTTTIQ todos os anos do que qualquer grupo fascista. Eles trabalham mais para fazer avançar a agenda supremacista branca do que qualquer organização de extrema direita independente.[5]

Enquanto anarquistas, sempre tentamos deixar óbvio que o papel da polícia é impor e reforçar os desequilíbrios econômicos entre as classes, mantendo os pobres sob controle e sustentando o patriarcado e a supremacia branca, que operam como barreiras à igualdade no capitalismo.

A violência policial não é um caso isolado, uma aberração local ou a característica de um determinado tipo de regime, mas um elemento fundamental para uma sociedade baseada nos direitos de propriedade privada e na autoridade centralizada do Estado. O papel da polícia é manter as desigualdades de classe, raça, gênero e nacionalidade. Eles vão garantir que as pessoas pobres continuem na pobreza, que as excluídas continuem na exclusão, e que as injustiçadas convivam com a injustiça.

Sendo assim, a polícia nunca será uma aliada porque ela é a maior inimiga de quem questiona a ordem imposta, de quem quer mudanças sociais, de quem quer uma vida sem as desigualdades criadas pelo capitalismo e pelo Estado. Afinal, eles são os primeiros a aparecer para o conflito quando nos cansamos de apenas sofrer as misérias desse sistema e partimos para a ação.

---

5. *What they can't do with badges, they do with torches*. Coletivo *CrimethInc.*, 12/08/2019.

ANTIFA

UMA VIDA SEM FASCISMO É UMA VIDA SEM
CAPITALISMO, SEM ESTADO E SEM POLÍCIA

> Nenhum governo do mundo combate o fascismo até
> suprimi-lo. Quando a burguesia vê que o poder lhe
> escapa das mãos, ela recorre ao fascismo para manter o
> poder de seus privilégios
>
> BUENAVENTURA DURRUTI, em entrevista
> ao jornalista Van Passen, 1936

O papel da polícia e das gangues fascistas não é conflitante, mas complementar. Em 2011, a primeira demonstração pública em defesa das posições do então deputado Jair Bolsonaro foi organizada por *skinheads* neonazistas em São Paulo. Na época, Bolsonaro era apenas mais um membro desconhecido do Parlamento, visto como uma piada, dando declarações racistas e homofóbicas para atrair atenção com polêmicas e escândalos. Dezenas de antifascistas compareceram para impedir que uma marcha neonazi conseguisse ainda mais atenção para Bolsonaro e a polícia ficou entre os dois grupos para impedir um confronto. Quando estamos em grande número, a polícia fica entre nós e os fascistas para "garantir a segurança de todos". Mas quando somos minoria, os policiais deixam que os fascistas nos ataquem.

Normalmente, a polícia ataca, prende, tortura e mata com impunidade legal. Eles não existem para impedir o crime, mas para garantir que a impunidade para atos considerados criminosos continue sendo monopólio de quem tem poder econômico e político nas mãos. Nas melhores hipóteses, suas limitações são meramente burocráticas: quando a prisão não é em flagrante e é impossível forjar as provas; ou quando é necessário um mandado judicial para desalojar violentamente um imóvel ocupado; ou então quando uma manifestação popular toma as ruas de forma radical e a violência necessária para contê-la é ilegal ou controversa demais para ser

SOMOS TODOS ANTIFA MENOS A POLÍCIA

praticada de forma explícita pelas forças policiais. Nesses casos, a ação de bandos neonazistas é útil para fazer o trabalho sujo que a polícia não quer ou não pode fazer num determinado momento.

Uma outra utilidade para a ação fascista nas ruas é nos manter ocupados demais tentando evitar que as coisas fiquem "ainda piores" e para lutar contra o sistema em si. O mesmo acontece com políticos como Bolsonaro e Trump: seus escândalos e suas medidas absurdas nos obrigam a estar sempre reagindo às suas agendas em vez de seguir as nossas próprias. Isso faz parecer que tudo o que queremos é restaurar alguma "normalidade" perdida no sistema democrático. Passamos a ser apenas defensores da última versão menos absurda da vida sob o capitalismo. O que é sempre o risco de soarmos como reacionários enquanto a direita se apresenta como "os rebeldes antissistema".

Parece que ocorreu uma inversão: por um lado, os progressistas se voltam para o passado, querem evitar a "decadência" dos valores democráticos, e assumem uma posição reativa (que era desde o século XIX a posição dos conservadores clássicos, dos teóricos da decadência, etc.). Por outro lado, os populistas de direita, isto é, os reacionários, se tornaram "progressistas" no sentido de que querem acelerar o tempo e adiantar o futuro — mas por isso são apocalípticos. Apocalípticos porque amigos do apocalipse, porque eles não têm pudor em acelerar o processo de devastação do meio ambiente, em aniquilar pessoas (ou simplesmente deixar morrer, como no caso italiano em que impediram que um barco de refugiados atracasse) e em transformar a sociedade em uma guerra de todos contra todos em que sobrevive o mais armado — e isso não é nenhum "retorno à Idade Média", é o próprio ápice do desenvolvimento capitalista, cuja verdade não é nenhuma versão democrática e luminosa de sociedade, mas sim esse grande Nada destrutivo.[6]

---

6. "A decisão fascista e o mito da regressão: o Brasil à luz do mundo e vice-versa", publicado por Felipe Catalani no *Blog da Boitempo* em 23/07/2019.

Se, depois de toda essa reflexão, alguém ainda acredita que se aliar a membros da polícia em alguma luta social revolucionária pode ser uma boa ideia, afirmamos que abrir as portas e confiar em agentes da repressão estatal que querem lutar contra o fascismo é expor nossos movimentos à infiltração e a outros riscos extremos desnecessariamente. Após séculos de luta das classes trabalhadoras e excluídas sendo perseguidas, traídas, mortas e aterrorizadas por instituições como a polícia e o exército, e com a sombra de uma ditadura civil-militar ainda viva na memória, é difícil pensar que tais indivíduos possam ser confiáveis — ou que seus colegas o sejam. Deveríamos trazer para dentro de nossas reuniões, protestos e ações, as pessoas que convivem e compartilham o dia de trabalho com assassinos, torturadores e inimigos da liberdade? Se policiais acreditam que todos devem se opor ao fascismo ou a qualquer forma de opressão, seu caminho deve ser o mesmo de qualquer pessoa à frente de instituições repressivas ou exploradoras: desertar. Que abandonem seus cargos, seus salários, seus privilégios e expropriem o máximo de recursos e munições possíveis que devem estar em mãos revolucionárias — e mesmo assim, é possível que levemos anos ou décadas para sequer começar a dar alguma confiança a pessoas que abriram mão de toda decência humana para aceitar um salário em troca de perseguir, prender e matar.

A luta antifascista entre anarquistas é a recusa ao fascismo, mas também é a afirmação da vida. Não podemos e não queremos estar ao lado de quem opera dispositivos de governo. Nesse sentido não somos todxs antifascistas, se nos juntamos a uma instituição criada para impedir que as pessoas transformem sua opressão em revolta.

Por essas e outras, os anarquistas sempre tiveram claro que não existe luta antifascista no interior da instituições. Derrotar o fascismo significa obstruir sua virtualidade contida em qualquer

Estado, em especial nas instituições que racionalizam e operam o extermínio: a polícia, o exército, as prisões e todo o sistema de justiça criminal. Além disso, a história das lutas anarquistas nos informa que, em muitos casos, a luta antifascista é uma tática utilizada por liberais democratas e socialistas autoritários para conter a radicalidade do nosso anticapitalismo e de nosso antiestatismo inegociáveis. E aí chegamos ao nosso ponto: somos todos, realmente, antifascistas? O que pensar de operadores das instituições de extermínio e do racismo de Estado que declaram adesão às lutas antifascistas em momentos de recrudescimento autoritário do regime político? Pensamos, especificamente, nos que se autointitulam policiais antifascistas. Ser antifascista é viver uma vida não fascista. Como viver essa vida quando se é um agente do Estado armado e autorizado a matar? Como conceber isso? Especialmente num país como o Brasil, onde a polícia carrega toda herança escravocrata e foi estruturada, durante o século xx, segundo os regimes autoritários do país?

Não precisamos nos aliar a mercenários armados, ensinados a obedecer sem questionar, com autorização legal para agredir e matar defendendo as desigualdades existentes em nossa sociedade. Podemos trabalhar em conjunto sob princípios de solidariedade e horizontalidade para atender às necessidades de nossas comunidades, resolver conflitos e nos defender mutuamente da violência autoritária — ou seja, da polícia, fascista ou antifascista. Não existe caminho para a liberdade que não seja através da liberdade aqui e agora. A única autonomia que construímos está nos nossos laços sociais e de solidariedade: se quisermos garantir nossa integridade física contra agressões, precisamos de redes de apoio mútuo capazes de se defender, precisamos construir autodefesa e autodeterminação, que é nossa forma de liberdade diante da abstrata e dependente ideia de segurança. Não queremos essa democracia securitária, queremos liberdade e autodeterminação: cada pessoa e comunidade agindo de acordo com sua consciência e responsabilidade coletivas, em vez da coerção inerente aos governos e aos agentes de segurança, pois estes são sempre externos aos conflitos e problemas que a vida em sociedade inevitavelmente cria.

A luta antifascista deve ser aliada à luta pelo fim de todas as instituições estatais, principalmente as repressivas. Precisamos alimentar e expandir estruturas para tomadas de decisão que promovam autonomia e, por fim, práticas de autodefesa que possam nos proteger daqueles que no futuro queiram se tornar nossos líderes, como nos ensinam os povos ameríndios em sua relação com as chefias. Da mesma forma que não existe luta contra opressão sem uma luta contra todo aparato policial e estatal, não existe espaço na luta antifascista para reformar uma economia capitalista, o Estado, sua polícia e suas prisões — e muito menos espaço para policiais em uma luta contra o fascismo. Se, como disse com razão um dos líderes do movimento de policiais supostamente antifascistas, a polícia é a gestão da *polis*, nós seremos ingovernáveis.

Antifa: contra o que e ao lado de quem lutar
*Entrevista com Mark Bray, autor do
livro* Antifa: o manual antifascista[*]

A luta antifascista tem atravessado cada vez mais os debates políticos, seja por meio da difusão de mensagens e ações ou das ameaças de criminalização e repressão. No início do ano, antifascistas em Porto Alegre interromperam um protesto bolsonarista em 17 de maio aos cantos de "recua, fascista". Depois, torcedores de diferentes times de futebol se juntaram para ocupar as ruas em São Paulo e frustrar protestos de apoiadores do presidente. Ambos inspiraram ações em mais de 15 cidades, como em Belo Horizonte, Curitiba e Rio de Janeiro, onde atos estão sendo organizados semanalmente para bloquear, atrasar e impedir carreatas dos que gostam de "protestos a favor" de populistas de direita e pedem a volta da ditadura militar.

Ao fim de maio, a onda de protestos combativos em centenas de cidades nos Estados Unidos, após o assassinato de George Floyd, repercutiu no mundo as lutas antirracistas e antifascistas. Como efeito, Bolsonaro e políticos da sua laia pretenderam imitar Donald Trump e classificar ações e grupos antifa como uma "ameaça terrorista doméstica". Explicitando o que sempre dissemos: quem se incomoda e combate o antifascismo é, pela lógica, um fascista. Seu objetivo pode não ser cumprido na lei, mas podemos esperar o

---

[*]. Originalmente publicado no site *Facção Fictícia* em 05/06/2020.

que sempre aconteceu na história: vai atiçar os ânimos de suas bases dispostas a praticar atos de violência nas ruas contra minorias e todos que denunciam o fascismo, com a conivência da polícia.

Por isso, o momento é de se organizar, nos articular e discutir sobre táticas e estratégias de luta. Assim, o coletivo *Facção Fictícia* convidou Mark Bray, autor do livro *Antifa: o manual antifascista* (2019), para uma entrevista exclusiva sobre alguns temas urgentes como: relação entre movimentos antifa e *black bloc*, anarquismo, esquerda institucional e até os ditos policiais "antifascistas" — fenômeno até então exclusivo do Brasil e que surpreende até mesmo militantes e pesquisadores com vasta experiência nas lutas antifascistas contra todas as formas de regimes e autoritarismos.

Como você define o que chama, em seu livro, de antifa moderna, e como ela contribui para o cenário de protestos atuais contra o racismo e a polícia nos EUA?

Em resumo, eu diria que a política ou grupo da antifa moderna seria uma oposição militante — socialista revolucionária, orientada para a ação direta — à extrema direita, que rejeita recorrer à polícia ou ao Estado para detê-los e que geralmente tem uma espécie de noção de esquerda antifascista amplamente radical (panradical), embora nem sempre. Como você sabe, Trump culpou antifa e anarquistas pela destruição nos recentes protestos. Embora antifas tenham, provavelmente, estado em algumas manifestações, não há evidências de sua participação nelas. Com certeza, simplesmente não há antifas suficiente nos EUA para causar tal destruição. Eu gostaria que houvesse tantos, mas não existem. Certamente, porém, antifas apoiam o *Black Lives Matter* e pode haver algumas pessoas que participam dos dois tipos de organização.

Quais as relações entre antifa, tática *black bloc* e as lutas anarquistas e anticapitalistas contemporâneas desde a emergência do movimento antiglobalização?

Na maior parte, os *black blocs* foram usados nos Estados Unidos a partir de 1999 para protestar em cúpulas econômicas (OMC em Seattle, especialmente), protestando contra as guerras, contra as convenções políticas nacionais, etc. A associação entre antifa e *black blocs* nos EUA realmente começou com o J20 (protestos radicais que atacaram a cerimônia de posse de Trump em 2016), quando muitos anarquistas, antifa e outros antiautoritários foram presos e acusados de crimes, cujas sentenças poderiam chegar a décadas na prisão. Felizmente eles foram absolvidos. Também ocorreram eventos como o *black blocs* interrompendo e acabando com um discurso do provocador de extrema direita Milo Yiannopoulos em Berkeley, em 2017, e outros confrontos em Portland e em outros lugares.

Desde os levantes em 2013 e 2014 no Brail, percebemos um grande esforço das autoridades em criminalizar táticas, como os *black blocs*, como se estas fossem organizações formais ou criminosas, terroristas. Vemos agora essa tentativa com antifas. Para isso, usam discursos que atacam e deslegitimam movimentos combativos, alegando que "quem pratica ações ditas 'violentas' (dano à propriedade, revidar a violência policial) em manifestação são 'minorias' ou 'infiltrados'" para justificar o isolamento de setores radicais e a repressão estatal. Como você vê, historicamente, a resposta dos movimentos antifascistas e antirracistas a tais acusações e disputas de narrativas — que muitas vezes emergem dos próprios setores da esquerda?

Bem, algumas das primeiras movimentações antifas na Alemanha da década de 1980 surgiram dos movimentos autônomos, que rejeitaram basear suas políticas na aprovação da opinião pública. Portanto, nesse sentido, nem todos os antifa se importaram tanto com isso da mesma forma que outros. Mas é claro que essas disputas têm o potencial de separar os movimentos. Nas minhas entrevistas com antifascistas europeus, parece que cada movimento teve, em diferentes momentos, maior ou menor colaboração com grupos de esquerda como sindicatos, etc. Tê-los como aliados pode ajudar, mas é uma aliança que pode ser inconstante. A noção de "diversidade de táticas", que surgiu há 20 anos ou mais durante a era do movimento de justiça global (ou antiglobalização), foi um esforço para coexistir e contornar esses problemas. Claro que não é uma receita de bolo, depende de cada caso. Enfim, é muito difícil desfazer a dicotomia "bom manifestante", "mau manifestante", como fazem a imprensa e alguns grupos de esquerda.

No Brasil, nos deparamos com um fenômeno curioso, no qual policiais civis e militares se consideram "antifascitas" e se organizam enquanto movimento para se infiltrar e influenciar lutas sociais e pautas da esquerda. Em sua pesquisa, já deparou com exemplos semelhantes em outros países? Qual a sua opinião sobre a participação de policiais, militares ou outros agentes das forças de segurança estatais ou privadas em movimentos e manifestações de política radical?

Isso me lembra a Europa do pós-guerra, onde todos (exceto Espanha e Portugal) estavam oficialmente do lado dos vencedores da Segunda Guerra Mundial, quando a interpretação sobre o antifascismo era simplesmente estar do lado vitorioso da guerra. Nesse contexto, houve debates tensos sobre o que significava antifascismo, especialmente porque, em países como a Alemanha ou a Itália, os "comitês antifa" socialistas revolucionários que surgiram durante a guerra foram fechados pelos novos governos dos Aliados, de regime liberal-democrático. Os movimentos revolucionários que surgiram nas décadas seguintes, incluindo os que deram origem à antifa moderna, desafiaram a interpretação oficial do antifascismo, apontando que ainda havia muitos fascistas na sociedade e argumentando que o capitalismo oferece espaço para o fascismo. Os argumentos desses grupos antifas no pós-Segunda Guerra é que o antifascismo deve ser anticapitalista.

Se nós, como anticapitalistas revolucionários, permitirmos que o antifascismo caía no menor denominador comum, de ser literalmente "todos aqueles que se opõem ao fascismo", perderemos essa interpretação socialista, no seu sentido mais amplo, que faz do antifascismo uma oposição enraizada na política hoje e não apenas o fato de qual lado da Segunda Guerra você estava. Então, para deixar bem claro: polícia antifa é uma puta de uma besteira.

As táticas antifa se mostraram as formas mais radicais de resistência ao governo Trump nos EUA e ao governo Bolsonaro no Brasil, trazendo uma herança de práticas radicais e anticapitalistas. Como você vê a adesão da esquerda institucional, dentro dos palácios e gabinetes, aos símbolos e discursos antifa?

Bem, eu acho que a criação de um movimento e um sentimento antifascista mais amplo na sociedade é importante. Idealmente, não haveria necessidade de grupos antifa específicos, porque as comunidades expulsariam os fascistas por conta própria. Como as origens do antifascismo militante podem ser encontradas na oposição a grupos fascistas e nazistas de pequeno e médio porte, faz sentido que a resistência deva ser mais ampla e maior para lidar com regimes inteiros ou grandes partidos políticos. Debato esse desafio analisando entrevistas com antifascistas que enfrentam esse impasse em um capítulo do *Antifa: o manual antifascista*. Mas trabalhar em conjunto ou forjar uma coalizão não significa abandonar sua política.

Esse é sempre um equilíbrio complicado: como trabalhar com aliados que não compartilham toda a sua política sem, no final das contas, realizar a agenda deles e não a sua? De uma perspectiva antiautoritária, podemos ver o que os stalinistas fizeram com os anarquistas espanhóis durante a Guerra Civil Espanhola. Este é um precedente importante a ter em mente, mas se somos fracos demais para derrotar nossos inimigos por conta própria, não podemos simplesmente concordar em ser mártires.

Certamente, devemos criticar a cooptação institucional dos símbolos antifa, especialmente quando usados para se opor a valores centrais, como barrar a extrema direita sem recorrer à polícia ou aos tribunais (o que, obviamente, implica uma postura abolicionista penal). Talvez, em algum momento, os progressistas e moderados possam se tornar mais radicais no processo? Pelo menos nos EUA, parece que, nos últimos anos, muitos liberais, progressistas e socialistas democráticos ficaram muito mais à vontade com os socos na cara dos nazistas e, com certeza, há algo de bom nisso.

POLÍTICA, REVOLTA E ANTIPOLÍTICA ANTIFA

Bater onde dói... e com força!
Prefácio à edição brasileira de
Antifa: o manual antifascista

ACÁCIO AUGUSTO

MATHEUS MARESTONI[†]

> A dúvida reina no espírito dos homens, pois nossa
> civilização treme em suas bases. As instituições atuais
> não mais inspiram confiança (...). O mundo não sabe
> como sair disso. O parlamentarismo e a democracia
> periclitam e alguns creem encontrar a salvação optando
> pelo fascismo ou outras formas de governos "fortes". (...)
> Não é mais questão de saber se a ditadura é preferível à
> democracia, se o fascismo italiano é superior ou não ao
> hitlerismo. Uma questão muito mais vital se nos
> apresenta: o governo político, o Estado, é proveitoso à
> humanidade? Qual é sua influência sobre o indivíduo?
>
> EMMA GOLDMAN, 1940

Ao abrir este livro, não espere uma linha de neutralidade. Não há neutralidade possível quando o assunto é lutar contra o fascismo. Engana-se também quem pensa que, por isso, se trata apenas de um libelo panfletário. Seu autor, Mark Bray (1982), é historiador de

---

†. Mestre em Ciências Sociais (Política) pela PUC-SP e pesquisador no LASInTec-UNIFESP (Laboratório de Análise em Segurança Internacional e Tecnologias de monitoramento).

profícua produção universitária e professor de História Moderna no Dartmouth College, uma instituição com mais de 250 anos, localizada na cidade de Hanover, EUA. Bray formou-se militante anarquista no ambiente das lutas anticapitalistas do movimento antiglobalização, ou movimento por justiça global, do final do século passado e começo dos anos 2000. É integrante da IWW (*Industrial Workers of the World*) e foi ativo participante nos grupos *Press Working Group* (WG) e *Direct Action* (DA) que ajudaram na organização, em 2011, do *Occupy Wall Street* (OWS), em Nova York. Movimento sobre o qual Mark Bray produziu um belo livro que combina análise e militância. Trata-se de um estudo que expõe as formas de organização e modos de ação no OWS como formas afeitas às práticas anarquistas como a *autogestão* e a *ação direta*. Para a realização desse trabalho ele entrevistou quase 200 participantes do OWS, o que permitiu ir além das interpretações mais superficiais e estereotipadas veiculadas na grande mídia sobre o movimento dos 99% que se prostrou em frente ao principal centro financeiro do planeta contra o 1% que decidem os destinos à revelia de quem será atingido. O livro foi publicado em 2013 pela Zero Books com o título *Translating Anarchy. The Anarchism of Occupy Wall Street.* São mais de trezentas páginas de uma rica discussão sobre a relevância da anarquia hoje e sobre as diferenças, sempre muito saudáveis, entre os anarquistas e sua miríade de práticas. Pela leitura do livro é possível notar que Mark se posiciona muito próximo ao contemporâneo David Graeber, além de oferecer uma boa análise sobre o papel da tática *black bloc* no OWS, classificada por alguns progressistas estadunidenses como "câncer de *Occupy*"[1] (qualquer semelhança com algumas leituras da

---

1. Nos referimos aqui ao texto de Chris Hedges, "The Cancer in Occupy", publicado em 6/2/2012 no jornal *Truthdig*. Texto que recebeu um resposta certeira

esquerda sobre junho de 2013 no Brasil não é mera coincidência). Seja como pesquisador ou como militante anarquista (o abandono da neutralidade implica não separar essas coisas), Bray sabe muito bem sobre o que escreve, de qual perspectiva escreve e contra qual inimigo sua escrita se direciona como alvo. E ele bate bem! Mesmo que um ou outro leitor diga, com certa razão, que ele poderia bater melhor. Bater no texto, que fique claro!

Nesta reimpressão, após ter nos visitado em julho de 2019 para o lançamento da edição brasileira de seu *Antifa: o manual antifascista*, podemos dizer, além do que foi dito acima, que é um sujeito agradável e muito gentil com seu sorriso fácil e moletom do time de futebol alemão antifascista St. Pauli. Registramos isso porque sua persona é precisamente o oposto da monstruosidade que se projeta no imaginário social quando se fala que alguém é anarquista. Como sabemos, os resquícios da teoria lombrosiana da degenerescência seguem presentes nas sociedades contemporâneas, não apenas nas instituições, mas, sobretudo, nos desejos e medos das pessoas comuns.[2]

Lançado originalmente em inglês, em 2017, *Antifa: o manual antifascista* é, nas palavras do próprio autor, um livro que almeja deixar de ser necessário. Mas também é um livro que nasceu de uma urgência: o crescimento da *alt-right* no planeta e a eleição de Donald Trump nos EUA. Embora feito a partir de 71 entrevistas em 17 países da América do Norte e da Europa e escrito a partir de vasto referencial bibliográfico, o livro não se pretende uma história definitiva do antifascismo. Trata-se de um esforço inicial que

---

de David Graeber em "Concerning the Violent Peace-Police", publicado logo em seguida na revista *n+1*.

2. Para quem perdeu a passagem de Mark Bray pelo Brasil, as mesas que ele fez na FLIPEI (Paraty-RJ) e no Tapera Taperá (São Paulo-SP) estão disponíveis no canal de YouTube da Autonomia Literária.

convida o leitor, militante e pesquisador, a ampliar suas análises, conclusões e proposições, seja em seu escopo geográfico, seja em sua amplitude de ações e interpretações. Seus seis capítulos, que atravessam todo século XX e início do século XXI, concluem que o antifascismo é uma resposta radical, urgente e necessário ao crescimento da extrema direita no mundo. Não se trata, como muitos querem fazer crer, de uma excentricidade derivada da subcultura do punk e de gangues que gostam de beber e brigar. Mais do que isso, a luta *antifa* é um conjunto de práticas e saberes que, ao se lançar em *ação direta* contra toda e qualquer pessoa, grupo, conduta ou ação que remeta ao fascismo (numa concepção atualizada do termo), impede que este volte a se tornar dominante e majoritário, como foi no período do entreguerras europeu na primeira metade do século XX.

Mark Bray rejeita a conceptualização histórica que visa limitar o fascismo a um período e a um regime político que se esgotou ao final da Segunda Guerra Mundial. Para ele, o fascismo é entendido como um movimento trans-histórico de práticas de extrema direita que combinam o nacionalismo, a supremacia branca e a misoginia. Desse modo, ao destrinchar as características de tais práticas na contemporaneidade, se insere no campo de batalhas contra as práticas fascistas no presente e em suas formas variadas e dissimuladas. Tal perspectiva faz deste livro um esforço para conhecer seu inimigo, saber como ele age, como pensa e como se organiza. Ao mesmo tempo, trata-se de um livro que apresenta as táticas usadas para combatê-lo, proposições de ação que valorizam a pluralidade de táticas e que não se resumem ao confronto físico, mesmo sem descartá-lo nem mesmo repudiá-lo. O reconhecimento de que contra um fascista o confronto físico é por vezes necessário trata-se de uma contingência e não de um traço definidor dos movimentos antifa. Evita-se a confortável posição da crítica que mira combater o fantasma do fascismo do século xx, algo que, em sua configuração histórica, já não existe. Evita-se também cair no erro de apostar na razão pública ou na solidez das instituições democráticas como freios suficientes para conter os desejos fascistas da massa e de cada sujeito ou a disseminação de políticas do ressentimento. Para um anarquista o contrário do fascismo não é a democracia, mas liberdade.

Quando se trata de lutar contra o fascismo que hoje graceja no planeta, é preciso saber a especificidade das forças em luta para que os movimentos antifascistas consigam tanto praticar a autodefesa, quanto "atingir onde dói". Da mesma forma que é preciso saber quem se combate, como se combate e quais táticas lançar mão em cada situação específica. Nesse sentido, este livro é também um excelente panorama (e desde já referência) acerca do crescimento da extrema direita (autodenominada *alt-right* e/ou etnonacionalismo) pelo planeta e, consequentemente, munição e fonte de diversidade de táticas para os grupos antifascistas que a combatem abertamente onde quer que ela se apresente. Não é à toa que junto a esta edição em português já circulam edições em francês e espanhol por diversos países. A ameaça fascista nunca esteve tão presente no planeta quanto nos últimos dez anos, momento no qual os grupos de extrema direita vocalizam frustações e ressentimentos da população como resposta às políticas de austeridade (saneamento financeiro somado ao incremento da violência institucional) oferecida pelos Estados europeus como solução à crise de 2008. Em termos planetários, pensamos que é sempre bom voltar às análises para esse momento de crise que não foi apenas uma crise econômica, mas um marco a partir do qual as categorias liberais triunfantes nos anos 1990 (democracia formal, multilateralismo, etc.) se esfacelaram e o triunfante "fim da história" mostrou seus limites. Não custa lembrar também que o fascismo histórico se instalou como governo nos 20 anos de crise do início do século xx, entramos agora no décimo segundo ano da crise do século xxi.

Uma parte do livro, mais especificamente excertos do capítulo quatro ("Cinco lições históricas para antifascistas"), já circulou entre os leitores brasileiros no site da *Revista Serrote*. No entanto, sua edição integral agora por essas bandas, infelizmente, não poderia ser mais oportuna. Não edição, claro, mas necessidade dela. As manifestações neofascistas no Brasil hoje tornaram-se cada vez mais regulares, evidentes e normalizadas por uma ladainha que insiste em acreditar na capacidade reguladora das instituições democráticas. Basta checar no livro os pontos que, antes de tratar do fascismo contemporâneo, ressaltam no fascismo histórico o que interessa para os dias de hoje: os fascistas ocuparam o governo por vias legais e democráticas; as lideranças políticas e os teóricos demoraram a levar a sério a ameaça fascista; os dirigentes de esquerda foram mais lentos que suas bases em contra-atacar a ameaça fascista; o fascismo se valeu da apropriação de estratégias e do imaginário de esquerda para seduzir as massas; por fim, não são necessários muitos fascistas para que a intensificação do terror de Estado (marca distintiva do fascismo como regime político) se instale como governo. Sobre esse último ponto, as aparições de pequenos grupos neointegralistas no Brasil, inclusive com ações violentas espetaculares, tornam-se menos episódicas e mais preocupantes. Mas podemos acrescentar, escorados na própria pesquisa do livro, que só os anarquistas combatem o fascismo até o final, pois há indícios históricos suficientes para afirmar que o fascismo é sempre uma virtualidade presente em qualquer Estado moderno. A despeito da ladainha liberal com sua teoria da ferradura, fascistas e anarquistas são inimigos de morte.

Novamente é preciso voltar a análise para os efeitos da crise de 2008. Dela derivaram diversos movimentos anticapitalistas (desdobramentos do movimento antiglobalização) que insistiam em uma resposta radical ao que se apresentava não apenas como uma crise econômica, mas uma crise ecológica e da democracia planetária. Movimentos como 15M na Espanha e as manifestações antiausteridade na Grécia foram respondidos com novos partidos que faziam mais do mesmo com cara nova (exemplos do Podemos espanhol e do Syriza grego), o resultado foi que a crise tornou-se modo de governo e agora chegou a vez da extrema direita se autoproclamar como *nova política*. Nesse pêndulo se perpetua a dominação democrático-capitalista, mesmo com todos dizendo que a democracia se encontra em crise e/ou sob risco de dissolução. Diante disso, os anarquistas são inequívocos: se a política é, por excelência, a tecnologia moderna de governo de uns sobre todos, uma resposta aos impasses colocados pela contemporânea crise deve ser *antipolítica*, como colocam os militantes gregos de Exarchia.[3]

O alvo dos movimentos que o autor nomeia como "antifa moderna (1945–2003)" é o fascismo contemporâneo. Ele apresenta a antifa moderna no capítulo dois como oriundo dos movimentos autonomistas e anarco-punks na Europa. Esse grupo reage de várias maneiras à conduta regular e cotidiana de cidadãos em suas manifestações racistas, (neo)nacionalistas ou etnonacionalistas, misóginas e islamofóbicas. Essas condutas encontram hoje organização político-partidária e expressão pública em partidos como o Aurora Dourada na Grécia e movimentos como o PEGIDA na Alemanha, compondo o que acertadamente é chamado no capítulo três de "nazistas engravatados" (basta notar as figuras no Brasil hoje) e suas celebridades como Milo Yiannopoulos e Steve Bannon.

---

3. Sobre o movimento antiglobalização, a revolta grega e anarquia contemporânea como revolta antipolítica, ver Acácio Augusto. *Política e antipolítica: anarquia contemporânea, revolta e cultura libertária.* Tese de Doutorado. Programa de Pós-Graduação em Ciências Sociais da PUC-SP, 2013.

Sujeitos que se o leitor não conhece, terá o desprazer de conhecer lendo este livro e encontra seus correspondentes na aliança nacional que governa o Brasil hoje.

Nesse sentido, o capítulo cinco, "Quem tem medo da esquerda tolerante: 'nenhum palanque' e liberdade de expressão", embora breve, traz uma comprometida e bem fundamentada análise sobre a importância de não deixar os fascistas falarem. Refuta de forma consistente o absolutismo hipócrita dos liberais com o valor moral da liberdade de expressão e, do ponto de vista da tática de luta, alerta que "um antirracismo 'passivo' é tudo que os supremacistas brancos querem". Cabe ressaltar a necessidade de combate ao fascismo encrustado nas instituições, muitas delas tornam impossível o combate ao fascismo em nome da democracia e da liberdade de expressão. Um exemplo disso é jabuticaba que se autoproclama "policiais antifascismo". Como a maior máquina de extermínio de pobres e negros no Brasil pode ser antifascista? Essa é uma questão. E isso ganha dimensão enorme no Brasil, o último país a abolir a escravidão nas Américas (1888)[4] e versado historicamente no racismo dissimulado (a tal da democracia racial). No final deste mesmo capítulo há uma reflexão sobre o antifascismo nas universidades, que se encerra com um alerta que fazemos questão de reproduzir aqui como coro a ser ouvido pelas pessoas que trabalham e estudam nas universidades brasileiras: "lutar contra a violência da supremacia branca nos campi exige que nossos movimentos empurrem as instituições de ensino para abraçar aberta e inequivocamente o antirracismo". Não basta se dizer pluralista, democrático e livre de preconceitos, é preciso ser abertamente antirracista, do contrário se colabora, mesmo que passivamente,

---

4. Ver Marcel Dorigny. *As abolições da escravatura no Brasil e no mundo.* Tradução Cristian Macedo e Patrícia Reuillard. São Paulo: Contexto, 2019.

com os racistas e o crescimento do fascismo contemporâneo e suas formas dissimuladamente midiáticas e taticamente embasadas em liberdades democráticas como o pluralismo e a sacrossanta liberdade de expressão.

Neste ponto é preciso retomar o que foi indicado acima: este livro centra sua atenção nas experiências da América do Norte e da Europa. Sua leitura exige a todo tempo pensar no combate ao (neo)fascismo em outros territórios e, para isso, é necessário conhecer a singularidade de cada contexto. No Brasil, por exemplo, muito tem se debatido sobre Jair Bolsonaro ser ou não fascista. Todavia, a denominação é a que menos importa, pois sabemos que, no limite, o fascismo é a última razão de qualquer política de Estado. Após um ano de governo eleito abundam os exemplos da capacidade da chamada "opinião pública" normalizar o intolerável. Além disso, no caso do presidente eleito do Brasil, ele apenas expressa e vocaliza questões comuns que são características exemplares da sociedade brasileira média: a misoginia, o racismo dissimulado e o nacionalismo ridículo submisso à influência dos Estados Unidos nos países da América do Sul. Então, Bolsonaro é um (neo)fascista e o bolsonarismo é uma versão brasileira da *alt-right* planetária, para além das ligações familiares com o próprio Steve Bannon. A diferença, que torna tudo mais preocupante, é que sua eleição deu forma política-institucional a esse (neo)fascismo à brasileira, além de operar um dispositivo de mobilização computo-informacional via redes sociais digitais e ser um antro para acolher todo tipo de frustação e ressentimento. Esses dois fatores potencializam as históricas tecnologias de extermínio de pretos e pobres tão comuns por aqui desde o processo de colonização, mas se encontram em constante metamorfose para seguirem atualizadas.

Essas especificidades da história e do presente no Brasil entregam ao leitor desse livro dois desafios: 1) compreender o que

ANTIFA

é a luta antifascista no Brasil, sabendo que o antirracismo, junto ao combate à misoginia, possui uma dimensão gigantesca e decisiva para que o (neo)fascismo opere; 2) buscar uma diversidade de táticas que obstrua, inclusive fisicamente, os fascistas, mas que também possa ampliar a capacidade de convencimento dos argumentos antifascistas, para que se faça recuar da cena pública as expressões de racismo e misoginia que alimentam o (neo)fascismo à brasileira. Sabemos que a luta antifascista ao sul do equador, o que inclui não apenas o Brasil, possui uma história que se aproxima e se distancia da de outras regiões do planeta. Sendo assim, não há como transpor as experiências de outros locais para compreender o contexto brasileiro e suas lutas, pois existem especificidades na configuração dos governos e dos próprios movimentos de resistência a eles. Mas isso seria tarefa para um manual do antifascismo tropical, algo que está além de nosso alcance em uma mera apresentação que tem a pretensão de não esgotar o leitor. No entanto, fica o registro de que, desde a redemocratização, há toda uma história da luta antifascista que passa pelos punks e pelos anarco-punks que enfrentavam com músicas, zines e com os punhos o fascismo que grassava por essas bandas, já em suas formas contemporâneas. Inclusive com as especificidades regionais, como a hostilidade violenta de *skinheads* no sul e no sudeste do país contra negros, nordestinos e gays. Um bom exemplo disso é projeto iniciado nos primeiros anos da década de 1990, ACR (Anarquistas Contra o Racismo).[5]

A principal posição a ser extraída desse manual antifa aparece em seu capítulo final. A luta antifascista compreende uma diversidade de táticas e formas de ação que deve ter a generosidade de incorporar diferentes formas e disposições para estar nela, do

---

5. Ver capítulo 1, página 21.

contrário pode-se reduzir os grupos antifa a tropas especializadas para bater em fascistas ou grupos masculinizados que vivem do fetichismo da violência e do ganguismo puro e simples, o risco sempre presente entre os militantes oriundos do movimento punk. Crítica que muitos antifas, da Europa e dos EUA, entrevistados por Bray colocam, especialmente as militantes fantifa (feministas antifascistas), altamente versadas em táticas de autodefesa adquiridas em aulas de artes marciais voltadas ao combate dos fascistas. Olhar para o uso da violência de uma perspectiva antimoralista implica também não glorificá-la, nem torná-la, como tática, um fim em si mesma. Mesmo porque em muitos lugares os democratas juramentados e os articulistas liberais usam da necessária tática de autodefesa forjada pelos antifas e as fantifas para igualá-los aos fascistas. Em países como a Inglaterra já se fala em criminalizar grupos antifa sob a tipificação de terrorismo, algo que nos anos 2000 o mesmo país já havia feito com o movimento antiglobalização.

Como conclui Bray, diante do atual avanço da *alt-right*, três coisas devem ficar explícitas para a luta antifascista: 1) que ela é uma luta cotidiana; 2) que a Europa é indefensável; 3) que a branquitude é indefensável. No Brasil, elas são mais que urgentes. A essas três, que fazemos coro, acrescentamos uma outra: é preciso abandonar o projeto moderno e sua fé humanista, nascido da escravidão espalhada pelos mares e da colonização das terras que receberam os nomes de Américas e África. Um passo adiante para repercutirmos as palavras escritas em 14 de dezembro de 2008, em meio às chamas anarquistas em Atenas, no documento redigido na Faculdade de Economia Ocupada em Atenas, sob o título *Viemos buscar o que é nosso*: "Se as lutas da modernidade no ensinaram alguma coisa não foi certamente a sua triste fixação num sujeito (a classe, o partido, o grupo), mas antes o seu processo sistematicamente antidialético: o ato de destruição não implica necessariamente uma dimensão de criação. Noutras palavras, a destruição do velho mundo e a criação de um novo implicam dois processos distintos, ainda que convergentes. A questão que se coloca é então que métodos de destruição do que existe podem ser desenvolvidos em diferentes pontos e momentos de uma insurreição". Pois o fascismo, que ora retorna, nos impele à insurreição que deverá destruí-lo. Um exagero? Talvez. Mas se faz urgente retomar a atitude-reposta de Buenaventura Durruti, que já apareceu cravado como epígrafe deste livro, diante do jornalista que o perguntou se ele não tinha receio de destruir toda a cidade em sua luta contra o fascismo durante a Revolução Espanhola (1936), a qual ele respondeu mais ou menos assim: não tememos a ruína, tudo que você vê à sua volta foi construído por nós, construiremos novamente, pois trazemos um mundo novo em nossos corações e ele cresce a cada dia.

Em sua primeira reimpressão esperamos que esteja sendo usado como um instrumento, uma ferramenta, uma arma. O primeiro ano de governo do bolsonarismo mostrou que é urgente a radicalização das lutas e que pouca coisa vai mudar se tudo continuar orbitando os processos eleitorais. Boa leitura, que ela tenha o efeito de um manual, ou seja, orientações para a prática e não apenas um adorno de estante ou, no tempos de hoje, para fazer bonito nas redes sociais digitais.

Saúde e anarquia!

São Paulo, 09 de janeiro de 2020

Antifa não é o problema
*A falação de Trump é uma distração para a violência policial**

MARK BRAY[†]

O vídeo trágico do assassinato de George Floyd pela polícia em Minneapolis te deixou com raiva? Com tristeza e desespero? Isso fez você querer queimar uma delegacia?

Seja esse o caso ou não (o que acho mais provável), você pode estar entre os muitos cidadãos estadunidenses que simpatizam com a explosão de raiva por trás do tombamento de viaturas policiais e da destruição das fachadas de lojas nas cidades do país após a morte de Floyd, mesmo que você não concorde com a destruição de propriedades. Embora as táticas de protesto "violentas" sejam geralmente impopulares, elas chamam atenção e nos forçam a perguntar: como chegamos aqui?

---

*. Originalmente publicado no site *Facção Fictícia* em 01/06/2020.

†. Historiador especialista em direitos humanos, terrorismo e radicalismo político na Europa Moderna. Foi um dos organizadores do movimento *Occupy Wall Street* em 2011 e seu trabalho é referência mundial no debate antifascista.

O presidente Trump, o procurador-geral William P. Barr e seus aliados têm uma resposta simples e conveniente: "É a ANTIFA e a esquerda radical", como Trump twittou no sábado. "Em muitos lugares", explicou Barr, "parece que a violência é planejada, organizada e dirigida por grupos anárquicos... e extremistas de extrema esquerda usando táticas do tipo Antifa". "Os extremistas domésticos", twittou o senador Marco Rubio (R-Fla.), estão "aproveitando os protestos para promover sua própria agenda não relacionada ao caso". Após outra noite de destruição que incluiu a queima do antigo mercado de escravos chamado Market House, em Fayetteville, Carolina do Norte, Trump dobrou as apostas no domingo, declarando que "os Estados Unidos da América designarão os ANTIFA como uma organização terrorista".

As acusações imprudentes de Trump carecem de evidências, como a maioria de suas alegações. Mas eles também deturpam intencionalmente o movimento antifascista com interesse de deslegitimar os protestos combativos e desviar a atenção da supremacia branca e da brutalidade policial a que os protestos se opõem.

Abreviação de antifascista em muitas línguas, antifa (pronuncia-se "antífa", em português) ou antifascismo militante é uma política de autodefesa social-revolucionária aplicada ao combate à extrema direita que remonta sua herança aos radicais que resistiram a Benito Mussolini e Adolf Hitler em Itália e Alemanha há um século. Muitos estadunidenses nunca ouviram falar de antifa antes de antifascistas mascarados quebrarem janelas para cancelar a fala de Milo Yiannopoulos em Berkeley, Califórnia, no início de 2017 ou confrontarem supremacistas brancos em Charlottesville no final daquele ano — quando um fascista assassinou Heather Heyer e feriu muitos outros com seu carro de uma forma que assustadoramente anteviu os policiais de Nova York que jogaram suas viaturas em manifestantes no sábado no Brooklyn.

Com base em minha pesquisa em grupos antifa, acredito que é verdade que a maioria, senão todos, os membros apoiam do fundo do coração a autodefesa combativa contra a polícia e a destruição voltada contra a polícia e a propriedade capitalista que se seguiu nesta semana. Também tenho certeza de que alguns membros de grupos antifa participaram de várias formas de resistência durante essa dramática rebelião. No entanto, é impossível determinar o número exato de pessoas que pertencem a grupos antifa, porque os membros ocultam suas atividades políticas da polícia e da extrema direita e as preocupações com a infiltração e as altas expectativas de compromisso mantêm o tamanho dos grupos bastante pequeno. Basicamente, o número de anarquistas e membros de grupos antifa não chega nem perto de ser suficiente para conseguir por si mesmo uma destruição tão impressionante. Sim, a hashtag "#IamAntifa" foi uma tendência no Twitter no domingo, sugerindo um amplo apoio à política antifascista. No entanto, existe uma diferença significativa entre pertencer a um grupo antifa organizado e apoiar suas ações online.

A declaração de Trump parece impossível de aplicar — e não apenas porque não há mecanismo para o presidente designar grupos domésticos como organizações terroristas. Embora existam grupos antifa, a própria antifa não é uma organização. Grupos antifa identificados como *Rose City Antifa*, em Portland, Oregon, o mais antigo grupo antifa atualmente existente no país, expõem as identidades dos nazistas locais e enfrentam a extrema direita nas ruas. Mas a própria antifa não é uma organização abrangente com uma cadeia de comando, como Trump e seus aliados têm sugerido. Em vez disso, grupos anarquistas e antifas antiautoritários compartilham recursos e informações sobre atividades de extrema direita através das fronteiras regionais e nacionais por meio de redes pouco unidas e relações informais de confiança e solidariedade.

ANTIFA

E nos Estados Unidos, a antifa nunca matou ninguém, ao contrário de seus inimigos nos capuzes da Klan e pilotando viaturas. Embora a tradição específica do antifascismo militante inspirada por grupos na Europa tenha chegado aos Estados Unidos no final dos anos 1980 com a criação da Ação Antirracista, uma grande variedade de grupos negros e latinos, como os Panteras Negras e o Movimiento de Libertação Porto-Riquenho Nacional (MLN), situou sua luta em termos de antifascismo nas décadas de 1970 e 1980. Expandindo ainda mais o quadro, podemos traçar a tradição mais ampla de autodefesa coletiva contra a supremacia branca e o imperialismo, ainda mais longe através da resistência ao genocídio indígena e do legado da libertação militante negra representada por Malcolm X, Robert F. Williams, C. L. R. James, Ida B. Wells, Harriet Tubman e rebeliões de escravos. Essa tradição radical negra, feminismo negro e políticas abolicionistas mais recentes influenciadas por organizações como a *Critical Resistance* e *Survived and Punished* informam claramente as ações dos manifestantes muito mais do que a antifa (embora existam antifa negra e outras que foram influenciadas por todas as anteriores).

Trump está invocando o espectro da "antifa" (enquanto o governador de Minnesota, Tim Walz, culpou os "supremacistas brancos" e o "tráfico") por quebrar a conexão entre essa onda popular de ativismo antirracista e negro que se desenvolveu nos últimos anos e as insurreições que explodiram em todo o país nos últimos dias — que colocam a brutalidade policial em evidência, quer concordemos com a maneira como ela chegou lá ou não. Paradoxalmente, esse movimento sugere um reconhecimento não declarado da simpatia popular pelas queixas e táticas dos manifestantes: se incendiar shoppings e delegacias fosse suficiente em si para deslegitimar protestos, não haveria necessidade de culpar o movimento "antifa".

ANTIFA NÃO É O PROBLEMA

Esta não é a primeira vez que Trump ou outros políticos republicanos pedem que antifa seja declarada uma organização "terrorista". Até o momento, esses pedidos não foram além da retórica — mas eles têm um potencial ameaçador. Se os grupos antifa são compostos por uma ampla gama de socialistas, anarquistas, comunistas e outros radicais, declarar a antifa como uma organização "terrorista" abriria o caminho para criminalizar e deslegitimar toda a política à esquerda de Joe Biden.

Mas, no caso dos protestos de George Floyd, as tentativas da direita de jogar a culpa de tudo no movimento antifa — visto por muitos como predominantemente branco — mostram um tipo de racismo que pressupõe que os negros não possam se organizar em uma escala tão ampla e profunda. Trump e seus aliados também têm um motivo mais específico: se as chamas e os cacos de vidro fossem simplesmente atribuídos à "antifa" ou a "forasteiros" — como se alguém tivesse que viajar muito longe para protestar —, a urgência mudaria de abordar as causas profundas da morte de Floyd para descobrir como impedir o sombrio bicho-papão contra o qual Trump se opõe. Mesmo se você não concordar com a destruição de propriedades, é fácil ver a cadeia de eventos entre a morte de Floyd e os carros da polícia em chamas. A desinformação de Trump quer enganar a todos nós.

Somos todos antifascistas?
Sobre a necessidade de não dialogar com o fascismo

CAMILA JOURDAN[†]

ERICK ROSA[‡]

Recentemente a onda de protestos nos EUA, que se espalhou por vários lugares do mundo, deflagrados pelo assassinato de George Floyd pela polícia, colocou novamente em cena o tema do antifascismo, levando uma quantidade enorme de coletivos e indivíduos a se declararem antifas. Essa popularização através da *propaganda pelo ato* pode ser de fato formadora, mas também pode ser um esvaziamento de sentido dos movimentos antifascistas, que os apaga enquanto alternativa diferenciada de luta. Dizer "somos todos antifas" é importante porque, como em outras insígnias semelhantes, aponta na direção contrária à criminalização: não há um grupo específico de pessoas que possa ser qualificado em tribunais como associação criminosa, que se possa denominar "os antifascistas", trata-se, antes de tudo, de uma certa orientação geral prática que vários coletivos e indivíduos reivindicam. Mas dizer "somos todos antifascistas" também pode significar uma tentativa

---

†. É professora associada na UERJ; colaboradora no pré-vestibular comunitário ADEP e é autora do livro *2013: memórias e resistências.* (Ed. Circuito, 2018.)

‡. É graduado em História pela UFRRJ; colaborador no pré-vestibular comunitário ADEP; militante anarquista e jornalista independente na *Mídia 1508.*

de assimilação em curso, de domesticação, de cooptação. Tal como avaliamos, a popularização do termo *antifa* não deve significar o apagamento dessa prática política e de sua diversidade de táticas, caso contrário essa propagação se tornaria uma diluição. O presente texto pretende contribuir para evitar tal processo, retomando o sentido da oposição fascismo/antifascismo na contemporaneidade e reforçando, particularmente, uma de suas características mais marcantes, a saber: *com o fascismo não se discute, se combate.*

Em tempos de governos que defendem abertamente valores fascistas, nos quais a luta antifascista chegou à consciência do público geral e a mídia corporativa se dedica a tentar explicar o que é o fascismo e o antifascismo — para muitas vezes igualar os dois ou criminalizar os antifascistas enquandrando-os como um grupo de carácter homogêneo, externo e invasor —, é preciso retomar alguns pontos importantes que sempre estiveram presentes na luta antifascista contemporânea e que podem ajudar aqueles que estão aderindo agora às lutas antifascistas.

Na contemporaneidade, a designação *antifa* diz respeito a uma orientação reivindicada por certos coletivos e movimentos quanto a não tolerância do fascismo de maneira alguma. Não diz respeito a um grupo específico, que pudesse ser uma organização terrorista, mas também não diz respeito a ser simplesmente contra o fascismo. Trata-se de uma orientação geral e prática preconizada por certos grupos, em sua maioria anarquistas, mas não apenas. Organizados em grupos de afinidade, são coletivos que legitimam a ação direta e que afirmam: com o fascismo não se discute, se combate diretamente. É importante notar que estes grupos têm raízes na contracultura punk dos anos 1980 e também, em alguns casos, nas torcidas organizadas de futebol, acostumadas a enfrentar a força policial diretamente. Não legitimam a luta jurídica, eleitoral ou institucional no combate ao fascismo, mas se organizam para

SOMOS TODOS ANTIFASCISTAS?

impedir o fascismo de crescer, seja ao impedir uma manifestação fascista, seja ao impedir o fascismo no micro da sociedade. Os movimentos antifas defendem a autodefesa, a ação direta e a resistência não institucional ao fascismo. O antifascismo é uma reação à ameaça fascista e à ação violenta das forças policiais, na medida em que estas encarnam de forma evidente elementos fascistas. A violência policial racista e seus assassinatos são deflagradores recorrentes da resistência antifascista. E é interessante notar que o nascimento contemporâneo da antifa nos EUA se deu justamente em Minneapolis, onde o assassinato de George Floyd deu início à insurreição atual.[1]

O que significa a ação direta que estes coletivos reivindicam como arma primordial no combate ao fascismo? E por que, em se tratando do fascismo, ela parece ser a única possível? Em último grau, o que estamos dizendo que é intolerável quando dizemos que não dialogamos por quaisquer meios, que não negociamos o fascismo?

Primeiramente é preciso sempre desconstruir a ideia segundo a qual ação direta significa ação violenta. Uma ação é direta por não ser indireta, ou seja, por rejeitar representantes ou mediações para atingir seus objetivos. Mas não se trata aqui apenas de rejeitar a política institucional, e sim de encarnar na própria ação o objetivo buscado, rompendo com dualismos e com a separação entre meios e fins buscados. Neste sentido, organizar educação popular é ação direta; ocupar um imóvel abandonado também; tanto quanto promover eventos de contracultura e contrainformação.

---

1. "Podemos localizar a gênese antifa na América do Norte em um pizzaria de Minneapolis, onde um grupo de *skinheads* antirracistas e multirraciais chamados *Baldies* estava reunido durante as férias de Natal em dezembro de 1987." BRAY, Mark. *Antifa: o manual antifascista*. Tradução Guilherme Ziggy. São Paulo: Autonomia Literário, 2019, p. 146.

ANTIFA

Adicionalmente, toda a luta na micropolítica onde o fascismo se encontra enraizado é uma luta por meio da ação direta, e aqui é preciso dizer ainda que as transformações reais, profundas, se dão de baixo para cima, no âmbito dos valores, no âmbito das práticas. Se atualmente a fascistização da nossa sociedade aparece de modo tão evidente, isso se deve em grande medida ao fato de que nunca houve uma modificação de baixo para cima naqueles valores que constituem o cerne do fascismo. E sobre isso nunca será demais lembrar as palavras de Foucault:

E não somente o fascismo histórico de Hitler e de Mussolini — que tão bem souberam mobilizar e utilizar o desejo das massas —, mas o fascismo que está em nós todos, que martela nossos espíritos e nossas condutas cotidianas, o fascismo que nos faz amar o poder, desejar esta coisa que nos domina e nos explora.[2]

Como liberar nosso discurso e nossos atos, nossos corações e nossos prazeres do fascismo? Como expulsar o fascismo que está incrustado em nosso comportamento?[3]

Os grupos antifas na contemporaneidade defendem que é um equívoco interpretar o fascismo apenas no seu sentido histórico ou como uma característica nacional específica de algum povo, como os alemães ou os italianos. O fascismo nunca desapareceu para ser revivido novamente. Ele sempre esteve entre nós em silêncio, para voltar de tempos em tempos quando as classes dominantes, amedrontadas diante de uma sociedade em completa falência política, social e econômica, como na qual vivemos, recorrem ao fascismo para salvá-la da revolução social. Para eles, o fascismo não é apenas um tipo de regime, nem uma ideologia para um regime em

---

2. FOUCAULT, Michel. "Introdução à vida não fascista". Preface in: Gilles Deleuze e Félix Guattari. *Anti-Oedipus: Capitalism and Schizophrenia*. New York: Viking Press, 1977, pp. XI–XIV. Traduzido por Wanderson Flor do Nascimento.

3. Ibidem, p. 03.

SOMOS TODOS ANTIFASCISTAS?

potencial. Ele pode ser entendido também como uma prática, um método, baseado no desejo fascista de dominar, oprimir, obliterar o outro. O fascismo também não seria uma perversão ou desvio dos valores da nossa sociedade, mas uma consequência deles. Assim o psicanalista Wilhelm Reich definiu a mentalidade fascista como aquela do *homenzinho* subjugado que anseia por autoridade e se rebela contra ela ao mesmo tempo. Reich afirmou que "não é por acaso que todos os ditadores fascistas surgem do ambiente do *homenzinho* reacionário".[4] E de modo ainda mais enfático:

As minhas experiências em análise do caráter convenceram-me de que não existe um único indivíduo que não seja portador, na sua estrutura, de elementos do pensamento e dos sentimentos fascistas. O fascismo como um movimento político distingue-se de outros partidos reacionários pelo fato de ser sustentado e defendido por massas humanas.[5]

O problema dos fascismos cotidianos, dos microfascismos com os quais vivemos, acaba por complicar a dicotomia fascista/antifascista. Se todos nós possuímos elementos de fascismo de alguma forma, como podemos falar de antifascismo, diferenciar e dar nome aos fascistas? "Mate o policial dentro da sua cabeça" — diz um ditado anarquista. Para os antifas, o fascismo não é uma doença ou uma patologia inata, e sim algo normalizado no nosso cotidiano, uma perversão do desejo produzida pelas formas de vida capitalista e moderna: práticas de dominação, autoritarismo e exploração que nos integram de tal jeito que não podemos simplesmente *decidir* sair delas. Mas nem todo mundo se torna um neonazista. Isso também demanda uma prática fascista, uma reafirmação constante do desejo fascista de oprimir e viver em um mundo opressivo. E, com

---

4. REICH, Wilhelm. *Psicologia de massas do fascismo* (1946). Tradução Mary Boyd Higgins. São Paulo: Martins Fontes, 1972, p. 13.

5. Ibidem, p. 12.

certeza, o mundo contemporâneo fornece essa reafirmação. Neste sentido, nos tempos como os que vivemos, precisamos praticar o antifascismo, trabalhando para criar formas de vida não hierárquicas, construindo espaços seguros para os grupos oprimidos, redes de solidariedade contra a violência policial e de grupos fascistas, agindo diretamente para combater o avanço do fascismo nos locais em que convivemos. É importante destacar aqui que não existe um comitê central que determina as regras e as diretrizes sobre como atuar ou sobre quem deve ser considerado fascista o suficiente para ser combatido; cada grupo que escolhe se engajar numa ação antifascista deve decidir sobre as estratégias e táticas apropriadas para a situação na qual se encontra. O antifascismo é, antes de tudo, uma prática ética e coletiva de resistência, não é um código moral.

A identidade é fundamentalmente sobre distinguir-se dos outros. O antifascismo, no entanto, é para todos. Devemos tomar cuidado para não isolá-lo dentro de uma demografia específica com um código de vestimenta e linguagem específicos. Isso é primordial, porque a extrema direita está se esforçando para descrever a antifa como uma organização alienígena monolítica, hostil. Nossa tarefa não é apenas construir uma rede de grupos, mas criar um *momentum* antifascista que se espalhe contagiosamente por toda a sociedade, juntamente com as críticas e táticas necessárias para essa luta.[6]

Por meio das ações diretas, os grupos antifas têm mobilizado exatamente os elementos que podem guiar o combate cotidiano ao fascismo, como presentes no texto "Introdução à vida não fascista". Os grupos são múltiplos e por isso libertos da paranoia da organização totalizante; são não hierárquicos e agenciados entre si também de modo não burocrático; não separam teoria e prática

---

6. *Not Your Grandfather's Antifascism.* Coletivo *CrimethInc.*, 29/08/2017. Traduzido por Erick Rosa.

SOMOS TODOS ANTIFASCISTAS?

e não se engajam em disputas institucionais e jurídicas por poder. Ousaríamos mesmo dizer aqui que, na medida em que se colocam fora do âmbito da representação, se afastam da mobilização de afetos tristes.[7] E é por isso que podemos dizer que suas práticas não se separam do fim almejado. E também no caso da resistência ao fascismo histórico, foram fundamentais as ações diretas, descentralizadas e as redes clandestinas.[8]

O avanço da chamada nova direita no mundo pode ser entendido como um reviver dos valores fascistas, que sempre estiveram aí e se espalham hoje sem muita vergonha. Quais valores e práticas são essas? Basicamente, podemos resumi-la nas seguintes características: o culto ao militarismo e ao autoritarismo; o nacionalismo, ainda que meramente discursivo, dentro de economias privatistas periféricas abertas ao capital internacional, como a nossa; um certo fundamentalismo religioso; o racismo; a misoginia; a homofobia; e uma política de segurança que estabelece a morte como modo de governo, criando inimigos internos que se configuram discursivamente de modo distinto em cada território, seja como combate ao terrorismo, ao imigrante ilegal ou ao tráfico de drogas. Por meio dessas ideias, o fascismo continuou existindo no Estado moderno. É também por meio delas que podemos entender o carácter fascista do avanço conservador na política recente. Não é correto dizer, sobretudo na realidade latino-americana, que o fascismo ficou um tempo fora de cena para retornar no seio da democracia. De fato, os elementos fascistas sempre estiveram presentes no poder por aqui, acompanharam nossa história da colonização[9] ao estado novo, passando pela ditadura militar. O que talvez nos falte

---

7. Ver: FOUCAULT, Michel, op. cit., pp. XI–XIV.

8. Ver: BRAY, Mark, op. cit., pp. 99–100.

9. Aqui é também interessante lembar a análise desenvolvida por Achille Mbembe, segunda a qual o fascismo histórico de fato aplicou à Europa os princípios de ação

seja justamente uma resistência antifascista organizada, que se entenda como tal, que identifique diretamente estes elementos como constitutivos das políticas de segurança hoje e que se insurja contra eles em todos os âmbitos das nossas vidas. Apesar de não se identificarem expressamente como fascistas, a família Bolsonaro, o bolsonarismo e tudo o que a chamada nova direita representa, na prática, se encaixam perfeitamente nesses elementos. E aqui é sempre útil lembrar o que afirmou Durruti sobre o tema:

Nenhum governo do mundo combate o fascismo até suprimi-lo. Quando a burguesia vê que o poder lhe escapa das mãos recorre ao fascismo para manter o poder de seus privilégios, e isso é o que ocorre na Espanha. Se o governo republicano tivesse desejado eliminar os elementos fascistas, podia tê-lo feito a muito tempo. Em vez disso, contemporizou, transigiu e gastou seu tempo buscando compromissos e acordos com eles.[10]

Há mais de meio século, grupos anarquistas ou autonomistas denominados antifas chamam a atenção para o fato de que o fascismo não acabou com o fim da II Guerra Mundial, até porque, como já analisava Maria Lacerda de Moura na década de 1920, é o filho predileto do Estado e do Capital. Em *Fascismo – Filho dileto da igreja e do capital*, a pensadora anarquista defendeu que o sistema capitalista sempre é potencialmente fascista, e demonstrou a sua relação interna com a instituição religiosa, a igreja e o clero.[11] O fascismo seria a consequência do Estado capitalista. Esta análise é extremamente atual e nos ajuda a entender como muitas das características do fascismo histórico se perpetuaram no seio das

---

que já eram utilizadas no processo colonizatório. O nazismo teria como premissas fundamentais o imperialismo colonial racista e os mecanismos desenvolvidos pela própria revolução industrial. Ver, por exemplo: MBEMBE, Achille. *Necropolítica*. Tradução Renata Santini. São Paulo: n-1, 2019, pp. 22–23.

10. Entrevista de Buenaventura Durruti ao jornalista Van Passen, 1936.

11. MOURA, Maria Lacerda de. *Fascismo – Filho dileto da igreja e do capital*. São Paulo: Paulista, 1934.

SOMOS TODOS ANTIFASCISTAS?

chamadas democracias representativas liberais. A história mostra, em vários momentos, que o antifascismo não deve dar os braços aos liberais, porque, quando o risco de uma revolução popular é real, estes últimos ajudarão a abrir passagem para os fascistas contra os revoltosos. Sem que a ameaça de sublevação seja real, as elites abrem as portas para líderes conservadores e aceitam a ascensão do fascismo, que mantêm sempre em seu cerne como um mal menor.[12] A impressão é de que sempre haverá um liberal ou social-democrata abrindo caminho para a extrema direita massacrar uma possível rebelião. Certamente a história não se repete, mas nos deixa lições: não se pode confiar nos meios eleitorais ou nas instituições ditas democráticas para derrotar o fascismo. E isso não apenas porque os fascistas chegam ao poder legalmente,[13] mas porque reside no cerne da representação espetacular do antissistêmico. Neste sentido, o princípio do fascismo é o extremo oposto da ação direta enquanto *fim sem nenhum meio*, já que nestas os meios são os fins. O fascismo é o sistema da representação tomando vida própria, se tornando absoluta, é o exercício do poder soberano em ato puro, sem necessidade de legitimação por parte do poder constituinte. Essa instituição que toma vida própria, com poderes absolutos, se apresenta falsamente como um antissistêmico, quando é de fato a encarnação do sistema. O estado de exceção que esteve sempre no cerne das democracias modernas. A ação policial com carta branca para matar é sem dúvida a sua experiência mais concreta. Neste sentido, os confrontos entre grupos fascistas e antifascistas nunca foram e não podem ser tratados como meros confrontos entre gangues rivais, tratam-se antes de confrontos com o fascismo, que é, e sempre foi, tolerado no cerne das

12. Ver: BRAY, Mark, op. cit., pp. 54–56; pp. 61–63 e p. 70.
13. Ver: Ibidem, pp. 247–252.

sociedades ditas democráticas, e que é particularmente propagado hoje por setores religiosos e presente diretamente na prática das forças policiais. Talvez entender como a noção de Estado Policial é atual envolva compreender como a instituição policial encarna elementos fascistas, ainda que dentro da democracia liberal.[14] No Brasil e no mundo, a luta contra a polícia está interligada com a luta contra o fascismo. Todos os dias, nas periferias e favelas desse país, a polícia atua como um exército em guerra que ocupa territórios inimigos. O genocídio do povo negro e pobre é um projeto político de Estado. É o fascismo sendo exercido através das forças policias, dos aparatos de repressão e controle de populações.

Dos estádios às manifestações, as antifas no Brasil, desde seu surgimento, têm apontado para características fascistas das forças de segurança do Estado, sendo a luta contra a violência policial uma de suas principais bandeiras. "Não acabou, tem que acabar, eu quero o fim da polícia militar" é talvez a palavra de ordem mais repetida nas linhas de frente das manifestações compostas por antifas. Não é coincidência que o crescimento da violência policial na última década anda em conjunto com o avanço da extrema direita no mundo, além disso, é notório as fortes relações entre esses dois grupos pelo mundo todo. São diversos exemplos aos logo da história, mas não precisamos ir tão longe, basta notar como um policial trata um neonazista e como ele trata um favelado numa abordagem cotidiana.

---

14. Essa ideia foi desenvolvida pela autora em: JOURDAN, Camila. "Estado Policial e Estado de Exceção: notas sobre a sociedade contemporânea." Em: *Abolicionismos – Vozes antipunitivistas no Brasil e contribuições libertárias*. Org. Guilherme Moreira Pires. Santa Catarina: Editora Habitus, 2020, pp. 57–68.

SOMOS TODOS ANTIFASCISTAS?

A cada ano batemos novos recordes de mortes por policiais, enquanto as instituições ditas democráticas se tornam cada vez mais fascistizadas. Os antifas entendem que agora vivemos sob duas epidemias: a da brutalidade policial e a de Covid-19. Por isso muitos coletivos têm trabalhado desenvolvendo diversas ações diretas de solidariedade entre as comunidades e combatendo o fascismo por todos os meios necessários. Muitas dessas ações pelo Brasil estão sendo interrompidas pela brutalidade policial e pela violência do Estado que não dão trégua nem em tempos de pandemia. No Complexo da Maré e na Favela da Providência, no Rio de Janeiro, por exemplo, ações de solidariedade desse tipo foram violentamente interrompidas por operações policias que resultaram na morte de participantes das ações e de pessoas atendidas por elas.[15]

Vivemos no país mais violento do mundo. Com uma taxa de homicídio de mais de 60 mil, a violência no Brasil atinge níveis maiores do que em vários países em guerra. Temos a polícia mais letal do mundo.[16] A cada 23 minutos, um jovem negro é assassinado nesse país, sendo a maioria pela polícia.[17] Durante a pandemia, mortes por policias aumentaram 43% no Rio de Janeiro.[18] Um aparato de repressão militar, herança da ditadura, em uma instituição que já é uma herança colonial escravocrata criou essa máquina de moer carne humana que é a polícia militar. Como se já não bastasse, também somos o país que mais mata LGBTs no mundo,

---

15. Sobre isso, conferir: "Jovem é morto durante entrega de cestas básicas no RJ; vizinhos criticam PM", *Uol Cotidiano*, 21/05/2020. E: "Operação policial interrompe doação de cestas e deixa mais um jovem morto no RJ", *Brasil de Fato*, 23/05/2020.

16. Sobre isso, conferir: "Polícia brasileira é a que mais mata no mundo, diz relatório", *Exame*, 08/09/2015. E: "Com 62,5 mil homicídios, Brasil bate recorde de mortes violentas", *Uol Cotidiano*, 05/06/2018.

17. Dados disponíveis em: "A cada 23 minutos, um jovem negro é assassinado no Brasil, diz CPI", *Flacso Brasil*, 06/06/2016.

18. Sobre isso, conferir: "Mortes por policiais crescem 43% no RJ durante quarentena, na contramão de crimes", *Folha de S. Paulo*, 26/05/2020.

os maiores assassinos de indígenas das Américas e estamos caminhando para liderar o ranking mundial de violência contra a mulher. Mas quando o assunto é a violência dos grupos antifas parece que esse pano de fundo descrito não existe. A opinião pública tende a igualar fascistas e antifascistas como extremistas equivalentes, algo muito grave, que impulsionou, em mais de uma ocasião, o crescimento do fascismo. A mídia e o governo sempre fazem o possível para deslegitimar a ação antifa. A sociedade brasileira é violenta e sanguinária, o projeto colonial genocida se estende até os dias atuais, porém nos acostumamos a ele. Praticar o antifascismo é, em grande medida, nunca se acostumar. O antifascismo é autodefesa contra tudo isso e, assim, a tão propagada "violência antifa" é, de fato, uma contraviolência. Portanto, é de suma importância entender o antifascismo como elemento de um objetivo abolicionista e anticapitalista maior, que busca dar fim à polícia, às prisões e às hierarquias opressivas. Não ter tolerância com a intolerância não é equivalente a ser intolerante. O que não é aceito de modo algum neste caso é justamente a defesa da morte do outro, o que é um detalhe lógico, como veremos adiante.

A experiência histórica nos mostrou como certos discursos são perigosos e não devem ser tolerados porque eles se vinculam muito diretamente ao genocídio e à naturalização da barbárie. Quando grupos antifas se esforçam para impedir que eventos fascistas possam ocorrer, por exemplo, eles estão se baseando nessa experiência que nos foi legada. A mensagem dessas ações é: se algo similar começa a surgir deve ser imediatamente impedido antes que cresça. As vias normais de negociação e diálogo não só se mostraram historicamente incapazes de barrar o fascismo como, em princípio, nem poderiam fazê-lo, já que o fascismo constitui precisamente uma ruptura com essas vias. E de tal forma que tentar defender a liberdade de expressão do próprio fascismo só

SOMOS TODOS ANTIFASCISTAS?

pode constituir-se como uma evidente contradição em termos. Não há o que argumentar quando o efeito prático é a eliminação literal de um lado da interlocução. O fascismo não pode se expressar porque se ele se expressa ninguém mais se expressa. Sua própria possibilidade discursiva precisa ser banida como absurda. Para explicar melhor este ponto, é útil uma breve análise linguística. Tomemos as seguintes afirmações:

1. Todos têm direito a expressar sua opinião;

2. Mas a opinião de alguns é justamente que: não é o caso 1;

3. Então, nem todos têm direito a expressar sua opinião.

O conjunto de proposições acima tem a forma de um paradoxo por autorreferência. O paradoxo se desfaz quando observamos que 1 não é uma mera opinião dentro do sistema de opiniões, mas é uma proposição metalinguística, ou melhor, tem um valor normativo em relação ao sistema. Isso significa dizer que ela é condição de possibilidade de haver opiniões dentro do sistema e, por isso, é uma necessidade que não pode ser negada ou colocada em questão. O fascismo funciona exatamente assim, ele não é uma opinião entre outras em um sistema, é a dissolução da possibilidade mesma de continuar havendo opiniões. Por isso não deve ser tolerado. Toda argumentação cai por terra contra o fascismo, pois não se pode argumentar com quem nega o pano de fundo sobre o qual se desenrolam argumentações. Você não pode dizer que o fascismo é simplesmente falso, você deve combater a sua própria possibilidade como dotada de significação. Pois uma vez que você tolera o fascismo, você tolera o absurdo como possível, ou seja, você destitui aquilo que deveria ser necessário deste estatuto de necessidade. E é precisamente por isso que dialogar com o fascismo já é deixá-lo vencer.

Poesia e antifascismo na América Latina
Um espanto de Nogueras, um conselho de Roque Dalton e uma sugesta de Torquato

RODRIGO LOBO DAMASCENO[†]

Em 2019 a Lei da Anistia brasileira completou 40 anos: aprovada em 1979, ela surgiu junto com aquilo que o Comitê Invisível define como *contrarrevolução*, uma movimentação global pelo resgate de valores conservadores e reacionários após as breves e intensas experiências progressistas dos anos 1960 e 1970 — movimentação essa pensada, formulada e posta em prática como uma *guerra*. Norteando essa reação, diz o Comitê, estaria uma noção de que "a guerra, no fundo, não tem nada de militar", algo que os contrarrevolucionários já teriam percebido, passando a concentrar seus esforços de guerra num outro espaço. É muito significativa a identificação que o Comitê Invisível faz desse conceito já comum nos textos contrarrevolucionários, como em *La guerre probable*, do general francês Vincent Desportes, para o qual "as ações militares são realmente 'uma forma de falar'; qualquer operação de envergadura é agora, acima de tudo, uma operação de comunicação (...)".

∽

---

†. É Doutor em Letras (Teoria Literária e Literatura Comparada) pela USP com pesquisa sobre discursos e práticas antipoéticas e antipolíticas na América Latina. É poeta e um dos editores da revista *Meteöro*.

Em sua figuração mais recente e menos sutil, a contrarrevolução (ocidental, porém global — e tropical, brasileira, numa das suas encarnações mais violentas) se concentra e se dispersa numa guerra semântica e verbal forjada através daquilo que se convencionou chamar, em inglês mesmo, de *fake news* — de boatos e de manipulação eficaz de informações e crenças, tudo isso amparado em textos que circulam inicialmente por meios eletrônicos (quase sempre associados a imagens) mas que se desenvolvem para além do escrito: a *conversa* passa a ser também fascista.

Pensando ainda no âmbito das particularidades políticas e poéticas da América Latina tomada pelas ditaduras civis-militares na segunda metade do século XX, vem de um poeta cubano uma observação importante sobre o que se passava no Brasil. Num poema chamado "Oração de um sacerdote católico brasileiro pela morte de um jovem combatente", Luis Rogelio Nogueras descreve uma série de torturas (dedos martelados, lábios queimados, língua e testículos arrancados, barra de ferro enfiada no ânus) para, ao fim, se espantar com o fato de os oficiais "*de la Primera Compañia de Policía de Sao Paulo*" terem, após encerrada a sessão de tortura, insultado o combatente morto na mesma língua (um língua doce, segundo o poeta cubano) de Olavo Bilac, Fernando Pessoa e Vinicius de Moraes. Claro que o espanto aqui é um recurso retórico para evidenciar algo que todo poeta deve saber sobre a matéria com a qual trabalha: a língua é um meio de violência e negociação da violência, a língua inicia e encerra guerras (e depois as narra) — e, para que ela nos disponibilize o termo "antifascismo", é preciso que, antes, nos revele o próprio "fascismo". As ações militares encaradas como uma *forma de falar* aparecem, no poema de Nogueras, de uma maneira literal por meio dos insultos que os militares torturadores proferem — mas ela se daria também de um modo menos evidente, mais lento e amplo, e portanto mais efetivo, espalhando-se pela cidade e entranhando-se nela, ao reformar o vocabulário e o imaginário de uma língua.

A nova situação da guerra, desta guerra de comunicação que abdica do *homem no front* para situar o *front no homem* (para usar a fórmula citada por Laurent Danet, também trazida pelo Comitê Invisível), teria como repercussão tanto um homem-bomba em seu ataque/derrota (essa face brutal da necropolítica na qual, ao contrário do que se passa na guerra verbal, o homem "é transformado em arma, não no sentido metafórico, mas no sentido verdadeiramente balístico", como define Mbembe) quanto no publicitário, no marqueteiro político ou, em termos ainda mais atualizados, no *influencer* ou no *bot* que dispara os textos,[1] armados metaforicamente mas capazes de mirar e atirar no real (na conversa que se tem na rua), gerando portanto novas implicações e responsabilidades para o trabalho mesmo da comunicação de dissidência — afinal, se as ações militares são, para os contrarrevolucionários, formas de falar, a posição daqueles que pensam e fazem as suas experiências (pessoais, artísticas, profissionais) justamente em meio às formas de falar e comunicar (e que miram a insurreição) poderia ser, outra vez, uma posição de vanguarda.

---

1. É, aliás, cada vez mais importante pensar nessa produção textual automática e mecânica, baseada em algoritmos e programações diversas (diante das quais muitos de nós somos analfabetos) que, em que pese a sua qualidade ainda tosca, tem alcances e repercussões evidentemente muito amplas — visto que opera menos pelo que significa e comunica do que pelo modo como se amplifica, levando em seu bojo palavras-chave que terminam por pautar o debate e o vocabulário públicos.

É tempo de lembrar que, para o poeta piauiense Torquato Neto (que escreveu grande parte da sua obra sob o signo da ditadura civil-militar brasileira), "O poeta é a mãe das armas". E que: quando ele pensa a atividade da escrita, pensa-a sobretudo por meio de comparações e imagens bélicas: "As palavras inutilizadas são armas mortas", diz ele. Assim, quando Torquato fala sobre o poeta inventar o perigo, está falando sobre recriar a poesia enquanto espaço de confronto.[2] Então, vai ver que não seria exagero questionar a percepção do Comitê Invisível de que o Estado e seu poderio militar seriam "os *únicos* [eu que grifo] a situarem a guerra no lugar onde ela se trava" — isto porque uma guerra de índole comunicativa e informacional, levada adiante sobretudo por civis, não é exatamente uma novidade, e se inicia muito antes dos últimos 40 anos de contrarrevolução (desde os erros e acertos das vanguardas, essas guerrilhas artísticas) e, ao menos no Brasil e na América Latina, se intensifica sob as ditaduras civis-militares que surgem desde a década de 1960.

Cultivar o poema como uma espécie de artefato que serve a uma resistência simbólica, no entanto, não garante nada. Numa formulação recente, o crítico Gustavo Silveira Ribeiro anota que "se não transforma a própria política, o poema político é apenas reprodução pouco efetiva de discursos já antes (e às vezes sofrivelmente) formulados. O impulso participante, por mais justo ou nobre que seja, não garante, por si só, a viabilidade do texto poético".

---

2. Penso aqui num dos seus textos mais célebres, quando escreve o seguinte: "Escute, meu chapa: um poeta não se faz com versos. É o risco, é estar sempre a perigo sem medo, é inventar o perigo e estar sempre recriando dificuldades pelo menos maiores, é destruir a linguagem e explodir com ela".

Isso não vai muito longe das observações de Jerome Rothenberg sobre o embate entre o poeta revolucionário e o revolucionário político — embate que, segundo o autor norte-americano, estaria cifrado no fato de que o poeta vê a derrocada do sistema de comunicação como uma oportunidade a ser explorada enquanto que o político trabalha para o "restabelecimento de um sistema fechado que ele (ou aqueles a quem ele representa) possa controlar". Quando a "demanda por fechamento se estende à obra do poeta", acontece a ruptura.[3] Na América Latina, poucas obras poéticas são tão representativas desse incômodo como a do chileno Nicanor Parra, um antipoeta cujos versos são nitidamente politizados (um termo gasto, e que talvez já seja uma *arma morta*) mas brilhantemente provocativos e até mesmo insidiosos. Num dos seus mais famosos *artefactos* (como ele chamava as suas obras de poesia visual), Parra desenha uma passeata na qual aqueles que se manifestam aparecem carregando uma faixa estampada com a seguinte frase: *a esquerda e a direita unidas jamais serão vencidas*. Aqui, o slogan (ou o discurso já antes formulado, nos termos de Ribeiro) é destroçado pelo humor que evidencia o absurdo dos signos e dos significados linguísticos que circulam e muitas vezes guiam o debate, o pensamento e a prática da política.

Na esteira dos golpes militares disparados na América Latina, quando e onde penso que se desenvolve de maneira ainda mais aguda essa noção de que há uma guerra se travando em meio às formas de falar e escrever (em meio, portanto, às formas de pensar

---

3. Neste confronto, diz Rothenberg, o poeta está sempre fadado à derrota. Numa eventual e desejável superação desse impasse, diz Rothenberg, haverá uma "virada da história".

ANTIFA

e de agir), a poesia intensificou a sua voltagem política — fazendo isso, inclusive, por meio de um sentido de latino-americanismo que, ainda que vago e questionável em diversos pontos, foi recorrente (e que possui um potencial antinacionalista que não se deve desprezar). Veja-se o poema de Nogueras comentado mais acima;[4] veja-se o trato — sempre continental, nunca nacional — dado à figura de Che Guevara por poetas tão díspares quanto o brasileiro Ferreira Gullar (que lhe dedicou o poderoso "Dentro da noite veloz"), o argentino Juan Gelman[5] e o mexicano Efrain Huerta;[6] veja-se ainda o modo como poetas diversos como Cecilia Vicuña,

---

4. As práticas de tortura dos militares brasileiros são referidas também num longo e violento poema do chileno Hernán Lavín Cerda, publicado numa antologia editada no México, por Roberto Bolaño, em 1979, e escrito a partir das histórias das militantes mineiras, ligadas à Ação Popular, registradas no livro *As moças de Minas*, de Luiz Manfredini. O poema também foca na figura do infame torturador Leo Machado e se chama "La sala de torturas".

5. Seu poema "Pensamientos", aliás, registra um fato ocorrido na Argentina logo em seguida à morte de Che, que foi a prisão do *payador* anarquista Carlos Molina (uruguaio da cidade de Melo), acusado de ter dedicado e cantado versos ao revolucionário argentino em um show em Bahía Blanca. O poema de Gelman (que esteve profundamente ligado à militância e à guerrilha) define o seu país como "latinoeruocosmopoliurbano" e se volta com ironia e rancor para a pátria. Nele, aliás, se divisa algo do estilo de *payadores* como o próprio Molina, citado no começo do poema (*"Soy de un país donde hace poco Carlos/ Molina/ uruguayo anarquista y payador/ fue detenido/ en Bahía Blanca al sur del sur"*) ou Martín Castro, outro anarquista, este argentino da cidade de Merlo — duas figuras que deixam entrever uma corrente subterrânea, profundamente popular e de viés libertário, na arte da palavra no Cone Sul (a esse respeito, vale sempre lembrar a afirmação de Ángel Rama de que "Nenhum movimento posterior foi tão fértil e novo como a introdução do pensamento anarquista" na América Latina a partir do fim do século XIX). A título de exemplo de como a noção latino-americana, amparada numa vivência anarquista e antifascista, incorre sempre numa mirada que não se fixa no nacional, note-se que o uruguaio Molina tem uma canção chamada "Chile, La Patria Fusilada", na qual o *payador* faz um apanhado da história sanguinolenta chilena desde a colonização até o golpe militar de 1973.

6. Num poema do peruano Enrique Verástegui, publicado em 1971 no seu livro de estréia (*En los extramuros del mundo*) Che aparece acompanhado da figura de Marighella.

Augusto de Campos (vide o seu "Cubagrama") e Roque Dalton se voltam para a Revolução Cubana como índice das possibilidades revolucionárias em todo o continente.

A esta altura, quando se poderia notar uma espécie de euforia diante da profusão de engajamentos poéticos nas lutas libertárias ou anticapitalistas, é preciso lembrar: não há nenhuma garantia que o poema político resulte em algo além de um enfrentamento simbólico e inofensivo. Esse, aliás, é um perigo constantemente atualizado: em tempos de acirramento das tensões sociais, é comum que se recorra à poesia (sua escrita, sua leitura e, agora, seu *compartilhamento*) como uma espécie de bálsamo, uma fenda no tempo e no espaço através da qual se escapa e se experimenta qualquer coisa de mais amena. Nesse paradigma, a própria ideia de poema se configura com uma ingenuidade atroz, confundindo o artefato verbal com uma produção naturalmente benigna e acolhedora. Diante disso, seria interessante contrapor ao poema e ao poema político, o político poeta: pensemos, por exemplo, em Michel Temer, figura execrável e central na recente transição política brasileira, ele mesmo um poeta. Não adianta recusar-se a considerá-lo como tal, como poeta — seja porque seus poemas são maus ou porque ele próprio é mau (essa categoria, moral, ética ou estética, é perfeitamente compatível com a poesia). Na América Latina, nenhum autor pensou isso de forma tão radical quanto Roberto Bolaño, criador de Carlos Wieder, poeta chileno de vanguarda e torturador sanguinário a serviço da ditadura militar do seu país. Em *Estrela distante*, Bolaño usa esse personagem para fazer algumas das análises mais atentas e profundas das disseminações das ideologias fascistas e nazistas nos continentes europeu e latino-americano. Seu mapeamento (presente também em outras obras suas, como em *Noturno do Chile* e *A literatura nazista na América*) passa pelas óbvias ideologias propagadas pelas ditaduras, mas também pelos passos menos evidentes dados em subculturas urbanas de *skinheads*, música extrema, torcidas de futebol, pornografia, obscurantismo místico, etc. O poeta de vanguarda que tortura é justamente o sinal, o alarme ligado indicando que a luta se trava em profundezas muito mais amplas do que aquelas indicadas pela politização do poema ou pela elevação do poema à categoria de reservatório da beleza.[7]

Num texto escrito a respeito da poesia do também chileno Rodrigo Lira, Bolaño tenta divisar justamente aquilo que se passa "por trás do riso que provoca no poema o carnaval imóvel da literatura" — lá onde, segundo ele, "é possível encontrar outras coisas, entre elas o horror e um olhar profético que anuncia o fim da ditadura mas não o fim da estupidez, o fim da presença militar mas não o fim das areias movediças e do silêncio que a presença militar instalou, tudo faz pensar que para sempre ou que por um tempo tão prolongado que é, para efeitos de vida humana, semelhante à eternidade, na vida civil chilena". Isso que Bolaño percebe na poesia de Lira, essa visão ou essa previsão de uma luta cujo desfecho se perde de vista parece colocar sob

---

7. Sobre isso, é interessante pensar no fenômeno da CasaPound, a organização neofascista italiana que homenageia, em seu nome, o norte-americano Ezra Pound, ele mesmo um poeta envolvido com o fascismo de Mussolini, a quem inclusive dedicou poemas. Ao longo do último ano, passei semanalmente por uma rua na Zona Oeste de São Paulo na qual os membros ou simpatizantes da Casapound pixaram o nome da organização num muro. Da janela do ônibus, eu observava aquilo e achava curioso que um dos poucos pixos da cidade que fazem referência nominal a um poeta (e a um grande poeta do alto modernismo) fosse, na realidade, propaganda fascista. A inscrição já foi coberta.

outra luz um problema com o qual o pensamento social e político brasileiro se debate há décadas e que consiste na ideia de que o nosso passado ditatorial-militar volta porque não temos e não trabalhamos a sua memória. Em que pese a validade desse desejado exercício constante de memória e, mais do que isso, a necessidade urgente de um acerto de contas que a Lei da Anistia e outros passos conciliatórios impediram e seguem impedindo, pensemos o caso do Chile de Bolaño e de Lira, país tomado muitas vezes como exemplar no trato com esse recente passado totalitário (levantando, entre outras coisas, um imenso Museu da Memória e dos Direitos Humanos em sua capital, Santiago). Em 2019, com a intensificação incontrolável dos protestos em diversas cidades chilenas, o que fez o Estado (na figura do presidente democraticamente eleito Sebastian Piñera)? Invocou o Estado de Emergência, mobilizou as forças armadas, colocando-as nas ruas, e decretou toque de recolher, medidas que não eram tomadas desde o fim da ditadura de Augusto Pinochet. Como se sabe, o Chile pós-ditatorial — *democrático* — seguiu sendo uma espécie de laboratório de políticas neoliberais ferozes. Como escreve Bolaño, as areias movediças e o silêncio instalados pela presença militar estavam (estão) ainda longe do fim — e, dentro desse pesadelo, seria preciso fazer tal qual Rodrigo Lira, que mantinha "os olhos abertos em meio ao pesadelo", olhando, sem dúvidas, esse horizonte de lutas infindáveis.

É tendo em mente essas democracias capitalistas que dificilmente se diferenciam do fascismo, seja a chilena ou a brasileira, que um poema aparentemente simples e anedótico do poeta e revolucionário salvadorenho Roque Dalton pode ser subitamente reenergizado, revelando uma clarividência insuspeitada. Chamado "Conselho que já não é necessário em nenhuma parte do mundo mas que em El Salvador...", o poema diz o seguinte:

Nunca se esqueça
de que os menos fascistas
entre os fascistas
também são
fascistas[8]

Esse "nunca", que talvez tenha sido lido, à época, como um advérbio de *intensidade*, uma ênfase ao conselho que se dava, aparece aqui em sua acepção *temporal* mais nítida: nunca, nem mesmo em 2020, esqueça que os menos fascistas entre os fascistas (aqueles que, por exemplo, são democratas liberais e capitalistas) também são fascistas. O conselho, aliás, é necessário em muitos mais lugares do mundo do que em El Salvador, um país cuja trajetória não deixa de ser símbolo da história mais ampla da América Latina. Tal como Bolaño e Lira, Dalton mantém os olhos abertos dentro do pesadelo — e olhando para a frente, mesmo que negativamente, dizendo *nunca*.

~

---

8. Este poema de Roque Dalton, bem como os poemas de Luis Rogelio Nogueras e Enrique Verástegui foram traduzidos por mim e publicados no livro *Latinameri-cantifa*, editado em 2018 pelo selo treme~terra, que mantenho junto com a artista visual Camila Hion. O livro reúne poemas destes autores e ainda de Cecilia Vicuña, Efrain Huerta, Gonzalo Arango, Elvira Hernández, Raul Zurita, Gonzalo Millán, Hilda Mundy, Efrain Barquero, Mario Benedetti e Clementina Suárez — todos eles poetas latino-americanos cujos versos se empenharam na defesa da liberdade dos povos do continente. A antologia foi distribuída gratuitamente nas ruas e disponibilizada digitalmente.

POESIA E ANTIFASCISMO

"Quando eu a recito ou quando eu a escrevo, uma palavra — um mundo poluído — explode comigo & logo os estilhaços desse corpo arrebentado, retalhado em lascas de corte & fogo & morte (como napalm), espalham imprevisíveis significados ao redor de mim: informação", escreve Torquato: junto com a palavra (a arma, a bomba) também o poeta explode e se estilhaça. Ele, então, seria esta espécie de *homem-bomba* (que pratica o perigoso ofício de lidar tão íntima e constantemente com essas armas, e que leva sempre junto a si o explosivo), cuja morte produz o significado. Há, nos poetas comentados aqui, uma aguda consciência do seu ofício em meio às palavras e às ações militares (e fascistas) desenvolvidas como *formas de falar*. Outra vez Torquato Neto: "Uma palavra é mais que uma palavra, além de uma cilada. Elas estão no mundo como está o mundo & portanto as palavras explodem, bombardeadas. Agora não se fala nada, um som é um gesto, cuidado. (...) O apocalipse, aqui, será apenas uma espécie de caos no interior tenebroso da semântica. Salve-se quem puder" — salve-se, ainda, quem souber situar-se de algum modo neste cenário apocalíptico que se forma no *interior tenebroso da semântica:* é lá que todo poeta (todo poeta que não trai a sua poesia, que são os poetas que interessavam a Torquato) habita, é lá que ele luta, é lá que a guerra está sendo travada. O que Torquato Neto liga, com a sua *sugesta*, é o alarme: a linguagem.

ANTIFA

BIBLIOGRAFIA

BOLAÑO, Roberto. "Os perdidos". Trad. Rodrigo Lobo Damasceno. Disponível em: http://otraversao.blogspot.com.br/2013/09/os-perdidos.html. Acesso em 24/06/2020.

_____. *Estrela distante*. Trad. Bernardo Ajzenberg. São Paulo: Companhia das Letras, 2009.

_____(org.). *Muchachos desnudos bajo el arcoiris de fuego*. México: Extemporaneos, 1979.

COMITÊ INVISÍVEL. *Aos nossos amigos – crise e insurreição*. Trad. Edições Antipáticas. São Paulo: n-1 edições, 2016.

GELMAN, Juan. "Pensamientos". Disponível em: https://www.lexia.com.ar/gelman-pensamientos.htm. Acesso em 24/06/2020.

LATINAMERICANTIFA. Trad. e org. Rodrigo Lobo Damasceno. Disponível em: https://drive.google.com/drive/folders/1lbwHFNPZoPejM1FAS6oB6lTuJGbc1rlx. Acesso em 24/06/2020.

MBEMBE, Achille. *Necropolítica*. Trad. Renata Santini. São Paulo: n-1 edições, 2018.

NETO, Torquato. *Últimos dias de paupéria – do lado de dentro*. São Paulo: Max Limonad, 1982.

ROTHENBERG, Jerome. *Etnopoesia no milênio*. Trad Luci Collin. Rio de Janeiro: Azougue Editorial, 2006.

PARRA, Nicanor. *Parranda larga*. Buenos Aires: Aguilar, Altea, Taurus, Alfaguara, 2010.

RAMA, Ángel. *A cidade das letras*. Trad. Emir Sader. São Paulo: Boitempo Editorial, 2015.

RIBEIRO, Gustavo Silveira. *Uma alegria estilhaçada*. Escamando & Macondo, 2020.

Antifascismo e segurança digital
Um debate urgente e uma prática para ontem

RAPHAEL SANZ[†]

Durante algum tempo, desde que o resultado das eleições de 2018 se tornou de conhecimento público, vimos as ruas do Brasil tomadas exclusivamente pelos apoiadores do governo que ascendia e suas pautas. Estas últimas gozaram de alguma evidência e da sensação de hegemonia do debate social, na esteira da vitória eleitoral. E nunca esconderam seu obscurantismo de extrema direita, ora beirando o nazifascismo, ora engrossando o coro de saudosismo pela ditadura empresarial-militar de 1964 — sempre apoiando políticas econômicas desastrosas para o conjunto dos trabalhadores, geralmente identificadas com o que conhecemos por neoliberalismo.

Longe de mim atribuir tamanha importância a um pleito, mas sem dúvidas podemos considerá-lo um marco para esta dinâmica de tiro curto. Contudo, bastou a primeira manifestação popular ser convocada em 31 de maio para que toda essa sensação de hegemonia social fascista se esvaísse das ruas e voltasse para os meios de comunicação, instituições de poder democrático-burguesas e micropoderes, ou seja, onde sempre esteve. E pararam de dar as caras com o passar das semanas e da acentuação do protesto popular, pelo menos nas ruas.

---

†. Jornalista e editor-adjunto do *Correio da Cidadania*.

Ainda assim, e como pudemos observar, a retomada das ruas gerou algumas reações por parte daqueles que as perderam. Dois dias depois (02/6) das primeiras manifestações populares em meio à pandemia, nossos celulares amanheceram com mensagens de alerta a respeito de uma lista em PDF, com 999 páginas, com dados de militantes ou simpatizantes da causa antifascista e popular.

Destaca-se, nesse contexto, que os dados foram extraídos das redes sociais, ou seja, já eram abertos e de visualização pública na internet. De toda forma, como sabemos, a sintetização destes dados na forma de lista pode nos dizer muitas coisas, e o mais óbvio delas é o fato de que tudo isso também circulou, e primeiro, nos mais diversos grupos de *zapzap* de extrema direita.

Em entrevista ao *Correio da Cidadania* publicada em 7 de junho, um hackitivista, do *Coletivo Planètes*, nos dá algumas pistas:[1] "O recente vazamento é uma reedição de um vazamento anterior e que parece ser intencional. Aconteceu em um momento em que muitas pessoas estavam compartilhando um apoio tácito aos grupos antifa, através de imagens e *memes* postados nas redes sociais. Esse apoio se deu principalmente porque grupos antifa brasileiros ganharam visibilidade ao promover contramarchas de desplataformização — isso é, realizando atos que visam tirar grupos de extrema direita das ruas. Isso aconteceu, por exemplo, com as torcidas antifa em São Paulo, Porto Alegre e Belo Horizonte, para dar alguns exemplos".

Uma outra questão colocada por ele na mesma entrevista é a nossa cultura digital marcada pelo uso sem moderação de redes privadas. "As redes sociais apelam para uma série de hábitos ruins do ponto de vista da privacidade, e é isso que permite que esse tipo

---

1. "A própria natureza das redes sociais faz com que nossa privacidade seja ameaçada", entrevista realizada por Raphael Sanz e publicada no *Correio da Cidadania* em 07/07/2020.

de informação circule. A própria natureza das redes sociais faz com que nossa privacidade seja ameaçada se queremos utilizá-las. Como a internet está cada vez mais centralizada em quatro sites, perdemos o hábito de pesquisar informações; é muito mais cômodo 'seguir' ou dar 'like' em uma página do Facebook ou um perfil do Instagram, e de tempos em tempos recebo o que desejo na timeline", explica o hackitivista que usa o nome de *Urso Rei Plebe* para preservar sua identidade.

Ainda em dois de junho e no bojo das declarações do presidente estadunidense Donald Trump sobre enquadrar os "grupos antifas" como terroristas, vimos duas cenas. Na primeira, o deputado estadual Douglas Garcia (PSL-SP) gravou um vídeo em suas redes, com a lista impressa em mãos, e prometeu entregá-la às autoridades para que "investigassem os citados", em atitude que deve causar um revés judicial e moral ao deputado no médio prazo, uma vez que no dia anterior havia pedido informações sobre manifestantes de esquerda. Em outra cena, outro deputado, dessa vez o federal Daniel Silveira (PSL-RJ), aquele que apareceu em famosa foto gargalhando ao lado de um colega seu que quebrava uma placa em homenagem à Marielle Franco, protocolou justamente uma alteração, via PL, na Lei Antiterrorismo (de Dilma Rousseff, sempre importante lembrar), na qual previa justamente a inclusão de "antifas e similares" como grupos terroristas.

E, para apimentar ainda mais o começo de junho, uma página que se reivindica como *Anonymous do Brasil*, revelou dados do presidente da República, seus três filhos metidos no Planalto, além do próprio Douglas Garcia e outros personagens. Novamente, os dados eram públicos e apenas foram compilados.

Esses fatos ainda repercutem sob uma imensidade de aspectos quase dois meses depois, e é justamente sobre eles que entrevistamos outro hackitivista, João Silva,[2] que atua como *treinador de segurança digital e ativista da privacidade nas redes.*

Para começar, João aprofunda a explicação dada por seu colega (na entrevista supracitada) sobre como funciona esta coleta de dados e alerta que pode se tornar comum a utilização de ferramentas de catalogação comercial para fins políticos, trazendo algumas indicações de como reagir a esta nova realidade.

"Precisamos lembrar que as redes sociais proprietárias — Facebook, YouTube, Twitter, etc. — são território privado, não público. Nelas não somos pessoas livres, somos mercadoria. Tudo que é publicado lá está sendo monitorado, seja por agentes estatais, empresas de marketing ou por grupos que se opõem a nós. Assim como trancamos nossa casa, olhamos para o lado ao atravessar a rua e não saímos por aí falando detalhes de nossa vida pessoal para quem não confiamos, precisamos adotar uma cultura de segurança também no ambiente virtual, que, afinal, faz parte da nossa vida", afirmou.

Para além desta crítica, que considero de *extrema importância*, o profissional analisou os acontecimentos supracitados, os mecanismos que compõem a internet e sugeriu uma série de manuais, tutoriais e dicas de como se proteger nas redes, que você poderá ter acesso ao longo da entrevista, reproduzida na íntegra abaixo:

---

2. O nome do entrevistado foi trocado, a seu pedido, para preservar sua identidade.

Como avalia a repercussão do recente vazamento de informações pessoais de diversos simpatizantes da causa antifa?

Já havia sido divulgada uma lista semelhante com informações pessoais em novembro de 2019 e em várias ocasiões ao longo dos anos. Esse vazamento atual, entretanto, é diferente. Ele acontece alguns dias depois de ter sido proposta uma mudança na Lei Antiterrorismo para classificar como organizações terroristas "grupos denominados antifas (antifascistas) e demais organizações com ideologias similares".

Além disso, no dia 1º de junho de 2020, o deputado Douglas Garcia solicitou aos seus seguidores nomes e informações sobre pessoas "autodenominadas antifas", para que sejam indiciadas como terroristas.

O objetivo desse tipo de vazamento é expor as pessoas para intimidá-las e minar seu potencial de ação, seja por represálias no trabalho, ameaças à sua segurança física e liberdade ou por difamações e ataques na internet. Agora, com o risco de serem classificados como terroristas, o vazamento ganha outra dimensão.

A comunidade se mobilizou rapidamente, com materiais de práticas para redução de danos, medidas de proteção e apoio judicial para as pessoas envolvidas.

Até onde se sabe, todas as informações vazadas podem, de alguma forma, ser acessadas pela internet. A maioria vem de redes sociais, como nome, fotos e o link dos próprios perfis. Outras estão disponíveis em cadastros profissionais e sites públicos.

A coleta dos dados em si não é difícil, pode ser no máximo trabalhosa. Por exemplo, dependendo das configurações de privacidade é possível ver as curtidas, quem te segue e quem você segue no Twitter. A mesma coisa no Facebook.

Basta entrar em um perfil mais popular e investigar quem segue e quem interage com ele para ter uma lista preliminar. A partir daí começa a se buscar informações referentes àqueles perfis: se seguem outras páginas, onde trabalham, com quem se relacionam, todo tipo de informação pública, uma espécie de "ronda virtual".

O texto "Pequenas dicas sobre vigilância e segurança online", publicado no *Medium* por Narrira Lemos, apresenta algumas boas dicas de segurança em relação ao uso dessas redes.

Pela quantidade de pessoas envolvidas no vazamento, vejo dois cenários plausíveis: que esse processo tenha sido feito por vários indivíduos ou por um programa de computador que automatize a coleta dos dados. Dadas as circunstâncias, a primeira hipótese parece mais plausível.

O que você comenta sobre a recente atuação de páginas dos *Anonymous Brasil*, que divulgaram supostos dados da família presidencial, entre outras figuras do regime?

Tudo começou depois do assassinato de George Floyd pela polícia de Minneapolis, nos EUA, no dia 25 de maio de 2020. No dia 1º de junho, foi publicado um vídeo do *Anonymous* prometendo expor "muitos crimes" cometidos pela polícia de Minneapolis.

No mesmo dia, uma conta do *Anonymous Brasil* publicou informações de diversos políticos, incluindo da família do presidente e do deputado que está montando o "dossiê antifa". Os dados também eram públicos, disponíveis em sites como o do Tribunal Superior Eleitoral ou no Portal da Transparência.

Mesmo sendo informações públicas, os envolvidos não gostaram nada da divulgação delas. Isso nos mostra que, para eles, o maior problema não é a informação ser pública, mas a população ter acesso real a ela.

Acredito que é essencial a transparência das pessoas e instituições que detêm mais poder na sociedade. Sem isso, elas se acham intocáveis e impunes, tendo ainda mais liberdade para agirem por interesses próprios.

Que tipos de hábitos das pessoas nas redes são nocivos no momento de proteger a privacidade?

Precisamos lembrar que as redes sociais proprietárias — Facebook, YouTube, Twitter, etc. — são territórios privados, não públicos. Nelas não somos pessoas livres, somos mercadoria. Tudo que é publicado lá está sendo monitorado, seja por agentes estatais, empresas de marketing ou por grupos que se opõem a nós.

Assim como trancamos nossa casa, olhamos para o lado ao atravessar a rua e não saímos por aí falando detalhes de nossa vida pessoal para quem não confiamos, precisamos adotar uma cultura de segurança também no ambiente virtual, que, afinal, faz parte da nossa vida.

Para isso, temos que nos fazer algumas perguntas, como: todas as informações que estão públicas precisam mesmo estar públicas? Algum tipo de postagem pode ser restringida apenas para seguidoras ou amigas? É seguro usar uma mesma conta para militância, contatos profissionais, família e amizades?

Em relação às manifestações, por exemplo, também vejo alguns problemas frequentes. A propaganda e o registro precisam ser feitos, mas é importante pensarmos na nossa segurança e na das pessoas que também estão lá. Quando for publicar fotos de atos, é importante proteger a identidade de outras pessoas que apareçam, sem sair espalhando os rostinhos por aí.

Isso vale não só para atos, mas para toda a vida; consentimento é necessário. O mensageiro Signal e o aplicativo ObscuraCam possuem funcionalidades para borrar o rosto de pessoas em imagens de um jeito rápido e prático.

Quais os perigos à privacidade que as redes apresentam em casos como esse?

Elas facilitam a coleta de informações pessoais e podem potencializar seus danos. As informações que geramos lá, nossas conexões, nossos sentimentos, são usadas tanto para propagandas direcionadas quanto para monitorar pessoas com pensamentos e atitudes "indesejáveis" pelo Estado.

É preocupante principalmente o uso indiscriminado das redes corporativas, como se fossem espaços seguros. Elas têm limitações, ainda mais se usadas nas suas configurações de padrões de privacidade, pensadas para termos uma maior exposição e, consequentemente, gerarmos mais dados para as empresas que as administram.

Que medidas uma pessoa que precisa se expor com mais frequência nas redes (pessoa pública, artista, jornalista, MEI, etc...) pode tomar para evitar este tipo de captura?

Pessoas mais expostas precisam ter alguns cuidados extras. Não publicar detalhes de sua vida pessoal e de pessoas próximas em contas públicas, ter um perfil diferente do público para outros tipos de interação são algumas práticas que podem ser adotadas. Além disso, todas as outras indicações de boas práticas e de cultura de segurança continuam válidas.

O site *Autodefesa contra Vigilância*, da EFF, possui guias para cenários de risco específicos, como ativistas ou jornalistas, que podem ser acessados online.

Aparentemente, não houve invasões de perfil, pois todos os dados vazados seriam públicos. Existe a possibilidade da invasão de perfis e computadores por parte de hackers da extrema direita?

SEGURANÇA DIGITAL

Como vazaram muitos e-mails e perfis de redes sociais, é possível que essas pessoas sejam mais focadas em tentativas de invasão. Então a possibilidade existe, mas ela sempre existe para qualquer pessoa conectada à internet. E entrar na paranoia não resolve. Uma frase que gosto muito é "segurança é aquilo que nos protege para agir, enquanto a paranoia é o que nos impede qualquer ação".

Como as contas são protegidas por senhas, uma primeira preocupação é ter senhas fortes e não repetidas. Criar e gravar tudo seria impossível, mas inventar e anotar suas senhas num bloco de notas no seu computador também não é uma boa ideia. Por isso, é recomendável usar um gerenciador de senhas, que é um programa que gera senhas aleatórias e as armazena de forma segura. Além do gerenciador, usar Autenticação de 2 Fatores sempre que estiver disponível, oferecendo uma proteção extra; assim você não tem que confiar apenas na senha e ainda sabe quando tentarem entrar na sua conta. O site *autodefesa.org* possui um passo a passo para cuidados com senhas.

Usar um mensageiro privado, como o Signal, que possibilita configurar as mensagens para que se apaguem automaticamente, usar o Navegador Tor para navegar na internet com mais segurança e usar um provedor de e-mail que não te espiona, como o RiseUp e o ProtonMail, são outras medidas que aumentam consideravelmente seu nível de segurança.

Também é bom saber quais informações suas estão disponíveis por aí e descobrir o que alguém que está procurando informações sobre você conseguirá encontrar. Procure suas informações pessoais, como nome, nome de usuário de redes sociais, CPF e endereço no DuckDuckGo, Google ou outra ferramenta de pesquisa. Se houver contas que não usa mais, conecte-se a elas e as remova.

Vale a pena revisar as configurações de privacidade das redes sociais, como desabilitar sua lista pública de amigos no Facebook, deixar sua conta privada no Instagram e não permitir que sua conta seja descoberta por número de telefone ou e-mail no Twitter. Em *Doxxing: Mini guia para prevenção e redução de danos* você encontra uma lista de prevenções contra vazamentos, com configurações detalhadas para redes sociais.

Alguns aspectos do nosso comportamento também precisam ser levados em conta, como as informações que deixamos expostas nas redes, verificar quem pode ver essas informações, e considerar o uso de perfis diferentes, com identidades diferentes, dependendo da finalidade de seu uso.

Como referências, o *autodefesa.org* também compilou uma série de manuais para um maior auto-aprendizado sobre segurança digital. Para coletivos e indivíduos que querem ter uma abordagem mais completa e autônoma sobre segurança, a Segurança Holística é um ótimo começo.

Como explicaria para um leigo a Deep Web, como funcionam os "chats malditos" da extrema direita e qual é o tamanho da liberdade/impunidade que gozam?

Deep Web, ou Internet Profunda, são páginas que você não consegue acessar simplesmente com seu endereço, como acessa o *duckduckgo.com*. Essas páginas não aparecem em mecanismos de busca padrão ou não podem ser acessadas sem identificação, precisam de um programa diferente do seu navegador comum para serem acessadas, ou ainda, só estão acessíveis na rede interna de um lugar.

Seu e-mail, banco virtual e mensagens privadas de redes sociais estão, por essa definição, na Deep Web, pois você precisa de sua identificação para ter acesso a eles. Conteúdos pagos de sites de notícia e a rede interna do trabalho também.

SEGURANÇA DIGITAL

O que hoje muita gente chama de "Deep Web" é só uma pequena parte disso. Geralmente estão falando da Rede Tor ou de alguma outra rede que permite o anonimato, como a Freenet ou I2P. Dessas, a que me sinto mais confortável para falar e também a mais popular é o Tor.

Em vez de se conectar diretamente aos sites que deseja acessar, na Rede Tor seus dados são passados por outros computadores voluntários que fazem parte da Rede Tor e estão espalhados pelo mundo, para "anonimizar" quem está acessando o quê. Assim, nem computadores que fazem parte da rede, nem agências de vigilância ou seu provedor de internet conseguem bisbilhotar o que você está fazendo. Tudo que vão saber é que você está acessando a Rede Tor, nada mais.

Para acessar a Rede Tor você precisa do Navegador Tor, que é um programa livre e uma ótima solução para navegar com segurança e liberdade na internet, com várias melhorias para mais privacidade.

Pela Rede Tor você consegue acessar todos sites que acessa normalmente, mas existem alguns que só podem ser acessados por ela: os Serviços Cebola, ou *Onion Services*. Eles são sites iguais aos sites "normais" e podem ser identificados pelo seu endereço, que terminam com ".onion". Os Serviços Cebola permitem que pessoas naveguem e publiquem anonimamente, incluindo sites anônimos, que não podem ser censurados.

Serviços Cebolas são usados para interações mais seguras entre jornalistas e suas fontes, como com o SecureDrop e o OnionShare, e também para acessar sites de forma mais segura e contornando a censura, como o Facebook (*facebookcorewwwi.onion*) e DuckDuckGo (*3g2upl4pq6kufc4m.onion*).

Em casos como este vazamento, o Tor pode ser usado para proteger a privacidade tanto das vítimas do vazamento quanto das pessoas responsáveis por ele. Se foi usada a Rede Tor para fazer os vazamentos, com apenas análise da rede será muito difícil conseguir identificar quem são as pessoas por trás disso; será preciso fazer uso de outras técnicas, que existem e já são usadas nestes casos.

A Rede Tor e outras redes que proporcionam o anonimato não oferecem nenhum perigo em si, mas algumas pessoas usam delas para organizar práticas consideradas ilegais, protegidas pelo anonimato. Por exemplo, existem sites onde são comercializadas substâncias psicoativas ilícitas e fóruns onde se pode conversar sobre qualquer assunto. Como não é possível censurá-los nem identificar seus participantes, o único jeito de tirá-los do ar é descobrindo onde o site está localizado fisicamente ou, como geralmente é feito, procurando pistas que indiquem quem são as pessoas por trás do site. Agências de inteligência do mundo cooperam entre si para realizar operações e tirar sites como esses do ar, mas isso nem sempre é possível.

É importante ressaltar que o Tor e outras dessas redes não são usados apenas por criminosos; na verdade essas pessoas são a minoria. Ativistas e defensoras de direitos humanos usam o Tor para se manterem seguras. Jornalistas usam o Tor para protegerem a si e às suas fontes. Pessoas que moram em locais onde há a censura usam o Tor para acessar sites bloqueados sem serem perseguidas. Pessoas que querem evitar o monitoramento por empresas de propaganda usam o Tor para não serem espionadas.

Vazaram meus dados! E agora? O que devo fazer? Como proteger minha integridade após ter meus dados revelados?

O primeiro passo seria tornar suas redes sociais privadas, para reduzir os ataques online. Peça a seus familiares e amizades verifi-

SEGURANÇA DIGITAL

carem se não há informações pessoais suas que eles ainda estejam compartilhando em suas redes sociais.

Se seu número de celular também foi divulgado, não apague as mensagens recebidas; elas podem ser usadas caso queira começar um processo judicial. Se desejar seguir a via legal, entre em contato com uma advogada por um canal seguro de comunicação e inicie um processo de documentação dos ataques.

Caso seu endereço tenha sido divulgado e você acredite que está com sua integridade física em risco, você pode pedir para passar um tempo na casa de alguma amizade ou familiar.

Um dos objetivos dos vazamentos é desestabilizar o psicológico das pessoas envolvidas. Procure ajuda profissional para conversar, se achar necessário. Procure apoio e solidariedade do seu grupo de afinidade por meios seguros e privados.

As dicas de autodefesa digital são ainda mais importantes nesse caso. O *autodefesa.org* e o *Mini guia sobre Doxxing* oferecem instruções mais detalhadas, e são de onde tirei várias das recomendações.

Que fazemos do antifascismo?[*]

ALFREDO BONANNO

A raposa sabe muitas coisas,
mas o porco-espinho sabe uma grande

ARQUÍLOCO

O fascismo é uma palavra de oito letras que começa pela letra f. O homem, desde sempre, foi perdidamente apaixonado pelos jogos de palavras que, escondendo a realidade mais ou menos bem, absolvem-no da reflexão pessoal e da decisão. Assim o símbolo age em nosso lugar e nos fornece um álibi e uma bandeira.

Quanto ao símbolo com o qual não pretendemos nos aliar, que na verdade nos enoja profundamente, aplicamo-lo a palavra "anti", consideramo-nos do outro lado, seguros, e pensamos haver nos livrado com isso de uma boa parte das nossas tarefas. Assim, uma vez que na mente de muitos de nós, e quem escreve se encontra entre estes, o fascismo causa nojo, é suficiente o recurso daquele "anti" para sentirmos nossa consciência limpa, encerrados em um campo bem guardado e bem frequentado.

---

[*]. Originalmente publicado na revista *Anarchismo*, nº 74, 09/1994. Tradução de André Tunes.

ANTIFA

Entretanto a realidade se move, os anos passam e as relações de força se modificam. Novos mestres sucedem aos antigos e o trágico bastão do poder passa de mão em mão. Os fascistas de ontem puseram de lado as bandeiras e as suásticas, entregues a alguns estúpidos de grandes carecas, e se adequaram ao jogo democrático. Por que não fariam isso? Os homens do poder são unicamente homens do poder, a balela nasce e morre, o realismo político não. Mas nós, que de política compreendemos pouco ou nada, indagamo-nos envergonhados pelo ocorrido, visto que nos foi retirado, bem debaixo de nossos narizes, as antigas evidências do fascista da camisa negra[1] com um taco, contra os quais éramos acostumados a lutar muito duramente. Por isso vamos à caça como galinhas sem cabeça, por um novo bode expiatório contra o qual descarregar nosso ódio demasiado barato, enquanto tudo em torno de nós fica mais sutil e mais esfumaçado, enquanto o poder nos chama para discutir:

— Mas por favor, venha para frente, diga a sua opinião, sem embaraço! Não esqueça, estamos em uma democracia, cada um tem direitos de falar quanto e como quiser. Os outros o escutam, concordam ou discordam e depois o número faz o jogo final. A maioria vence e à minoria resta o direito de voltar a discordar. Contanto que tudo se mantenha na livre dialética de tomar os lados.

---

1. Milícia Voluntária para a Segurança Nacional que apoiou Mussolini e o ajudou a dar o seu golpe de Estado, na Itália. Também estiveram presentes na Marcha sobre Roma, dia conhecido como o fim da democracia liberal italiana e a ascensão do fascismo. Essa milícia que combatia com violência grevistas, sindicatos e opositores do fascismo, passou a integrar oficialmente o exército italiano, durante o período em que Mussolini esteve no governo. Inspirou diversos movimentos na Europa e nas Américas com seus devidos uniformes prata, azul, verde, etc. e até hoje serve de inspiração para saudosistas.

QUE FAZEMOS DO ANTIFASCISMO?

Se nós colocamos a questão do fascismo sob os termos da balela, devemos forçosamente admitir que tudo não passou de um jogo. Talvez, uma ilusão:

— O Mussolini, um bravo homem, de certo um grande político. Cometeu seus erros. Mas quem não os comete? Então, deixou-se levar. Ele foi traído. Todos fomos traídos. A mitologia fascista e antigo-romana? Deixa disso! Ela pensa agora esse antiquário? Rouba do passado.

"Hitler... — ironizava Klaus Mann[2] descrevendo muito bem a mentalidade de Gerhart Hauptmann,[3] o velho teórico do realismo político — no fim das contas... Meus caros amigos!... Sem malícia!... Procuremos ser... Não, se não vos importa, permitam-me... objetivos... Posso encher de novo a taça? Esta champagne... extraordinária, realmente — o homem Hitler, como ia dizendo... Também a champagne, quanto a isto... Uma evolução absolutamente extraordinária... A juventude alemã... Cerca de 7 milhões de votos... Como disse frequentemente para meus amigos judeus... Aqueles alemães... nação incalculável... realmente misteriosíssima... impul-

---

2. Escritor alemão, conhecido pelo seu romance *Mephisto*, obra que questiona o nazismo na Alemanha, abordando a história de um ator que interpretava o papel de Mefisto na peça *Fausto*, de Goethe, uma das poucas peças interpretadas durante o período. Mann era gay e fez parte do grupo de teatro *die Pfeffermühle*, de sua irmã, Erika Mann, que ridicularizava os nazistas. Deixou a Alemanha com a família, em 1933, unindo-se a seu pai, Thomas Mann.

3. Romancista e dramaturgo alemão, ganhou o Nobel de Literatura de 1912, foi um dos responsáveis pela introdução do naturalismo no teatro alemão. Suas obras, com o decorrer do tempo, formaram um complexo metafísico e religioso. Era um dos artistas da *lista de Gottbegnadeten*, uma lista elaborada por Goebbels e Hitler e continha os nomes de todos os artistas cruciais para a cultura nazista e que seriam automaticamente dispensados do serviço de guerra.

sos cósmicos... Goethe... A saga dos Nibelungos...[4] Hitler, de um certo modo, exprime... Como eu procurei explicar aos meus amigos judeus... tendências dinâmicas... elementares, irresistíveis...".

Não, sob os termos da balela não. De frente a uma boa taça de vinho, a diferença se esfumaça e tudo se torna questão de opinião, discutível. O belo é isso: a diferença existe, não entre fascismo e antifascismo, mas entre quem quer e querendo-o persegue e gere o poder e quem o combate e o refuta. Mas sob quais termos podemos encontrar um fundamento concreto para esta diferença?

Talvez sob os termos de uma análise mais profunda? Talvez fazendo recurso a uma análise histórica?

Não creio. Os historiadores constituem a mais útil categoria de imbecis a serviço do poder. Acreditam saber muitas coisas, mas mais se obstinam sobre o documento, mais não fazem outra coisa senão sublinhar a necessidade de ser como tal, um documento que atesta de modo incontestável o ocorrido, a prisão da vontade do indivíduo na racionalidade do dado, a equivalência vichiana[5] da verdade e do fato. Cada consideração sobre possíveis eventualidades "outras" redunda em simples passatempo literário. Cada inferência, capricho absurdo. Quando o historiador tem um lampejo de inteligência, excede imediatamente em outro lugar, nas

---

4. Lendas de povos bárbaros que passaram por "interpretações" diversas ao longo da história, como a *Saga dos volsungos* (em língua escandinava), a *Canção dos nibelungos* (em língua alemã) e *O anel do Nibelungo* (na música alemã). Por meio desta, por exemplo, Richard Wagner, seu compositor, exaltará o povo alemão e será tomado pelo sentimento moral e cristão. Também a partir desta que Nietzsche se afastará de Wagner, em 1876: "Eu não tolero nada ambíguo; depois que Wagner mudou-se para a Alemanha, ele transigiu passo a passo com tudo o que desprezo — até mesmo o antissemitismo... Era de fato o momento para dizer adeus: logo tive a prova disto. Richard Wagner, aparentemente o mais triufante, na verdade um *décadent* desesperado e fenecido, sucumbiu de repente, desamparado e alquebrado, ante a cruz cristã..." (Nietzsche, *O caso Wagner*).

5. Da filosofia de Giambattista Vico (1668–1744), filósofo, historiador e jurista italiano.

QUE FAZEMOS DO ANTIFASCISMO?

considerações filosóficas, e aí cai na área comum a esse gênero de reflexão. Contos de fadas, gnomos e castelos encantados. E enquanto isso tudo ao redor do mundo se ajusta nas mãos dos poderosos que fizeram a própria cultura dos caderninhos de revisão, que não distinguiriam um documento de uma batata frita. "Se a vontade de um homem fosse livre, escreve Tolstói em *Guerra e Paz*, toda a história seria uma série de fatos fortuitos... Se, em vez, existe apenas uma lei que governa as ações dos homens, não pode existir a liberdade do arbítrio, uma vez que a vontade dos homens deve estar sujeita a esta lei".

O fato é que os historiadores são úteis, sobretudo para fornecer elementos de conforto. Álibis e muletas psicológicas. Quão bons foram os federados da Comuna de 1871! Como são corajosos os mortos em Père-Lachaise![6] E o leitor inflama-se e prepara-se ele também para morrer, se necessário, no próximo muro dos federados. Nessa espera, isto é, à espera de que as forças sociais objetivas nos coloquem em condições de morrer como heróis, nos arranjem a vida de todos os dias, para depois chegarmos à soleira da morte antes que essa tão esperada ocasião nos tenha estado à porta. As tendências históricas não são tão exatas, década a mais, década a menos, podemos saltá-las e retornar com nada nas mãos.

Se quer mensurar a imbecilidade de um historiador, leve-o a raciocinar sobre a coisa em andamento e não sobre o passado. Vai ouvir algumas belezuras.

Não, a análise histórica não. Talvez a análise política, ou político-filosófica, como estivemos habituados a ler nesses últimos anos. O fascismo é isso, e depois aquilo e agora isso e aquilo. A técnica de formulação dessas análises é a seguinte. Toma-se o mecanismo hegeliano de dizer e contradizer ao mesmo tempo, qualquer

---

6. O maior cemitério de Paris.

coisa similar à crítica das armas que se torna as armas da crítica,[7] extraindo de uma afirmação aparentemente clara tudo aquilo que passa pela cabeça naquele momento. Você conhece o sentimento de desilusão quando, ao perseguir um ônibus inutilmente, percebe que o motorista, tendo o visto, acelerou em vez de parar? Bem, neste caso pode-se demonstrar, e Adorno me parece que o tenha feito, que é justamente a frustração inconsciente e remota que vem à tona, causada pela vida que foge e que não podemos agarrar, nos impelindo a desejar matar o motorista. Mistérios da lógica hegeliana. Desse modo, tranquilamente, o fascismo torna-se qualquer coisa menos desprezível. Dado que dentro de nós, no recanto obscuro do instinto bestial que faz aumentar as pulsações, fica agachado um fascista desconhecido a si mesmo, somos levados a justificar todos os fascistas em nome do potencial fascista que há em nós. Certo, os extremismos não! Isso nunca. Os pobres judeus, nos fornos! Mas foram tantos assim que morreram neles? Seriamente, pessoas dignas do máximo respeito, em nome de um mal compreendido senso de justiça, colocaram em circulação a estupidez de Faurisson.[8] Não, sobre essa estrada é melhor não caminhar mais.

---

7. Referência ao ditado marxista decorrente da introdução da *Crítica da filosofia do direito de Hegel*: "A arma da crítica não pode, é claro, substituir a crítica da arma, o poder material tem de ser derrubado pelo poder material, mas a teoria também se torna força material quando se apodera das massas".

8. Robert Farisson (1929–2018), professor na universidade de Lyon, foi um "negador do Holocausto", tornando-se conhecido pelo artigo publicado no *Le Monde* intitulado "O problema das câmaras de gás ou o rumor de Auschwitz". Farisson "provou" que as câmaras de gás nos campos de extermínio não existiam e que o genocídio realizado pelos nazistas não havia acontecido. Ele, assim como outros "negacionostas do Holocausto", renegam o termo e preferem ser chamados de "revisionistas".

QUE FAZEMOS DO ANTIFASCISMO?

A raposa é inteligente e portanto tem inúmeras razões próprias e tantas outras ainda pode conceber até dar a impressão de que o pobre porco-espinho está sem argumentos, mas não é bem assim.

A palavra é uma arma mortal. Escava por dentro o coração do homem e lhe insinua a dúvida. Quando o conhecimento é escasso e aquelas poucas noções que possuímos parecem dançar em um mar em tempestade, caímos facilmente nas presas dos equívocos gerados por aqueles que são melhores do que nós com as palavras. Para evitar casos do gênero, os marxistas, como bons programadores da consciência alheia, em particular a do proletariado arrebanhado, sugeriram a equivalência entre fascismo e cassetete. Também filósofos de todo respeito, como Gentile,[9] do lado oposto (mas oposto até que ponto?), sugeriram que o cassetete, agindo sobre a vontade, é também um meio ético, dado que constrói a futura simbiose entre Estado e indivíduo, naquela Unidade superior que almejam chegar tanto o ato isolado quanto o ato coletivo. Aqui vemos, seja dito entre parênteses, como marxistas e fascistas provêm da mesma estirpe idealista, com todas as consequências práticas do caso: incluindo o campo de concentração. Mas caminhemos adiante. Não. O fascismo não é somente cassetete e não é nem mesmo apenas Pound, Céline, Mishima ou Cioran.[10] Não é nenhum de todos esses elementos nem ainda outros tomados isoladamente, mas o conjunto disso tudo. Não é a rebelião de um indivíduo isolado, que escolhe a sua luta pessoal contra os outros, todos os outros, às vezes incluindo até mesmo o Estado, e a qual pode também nos atrair por causa da simpatia humana que temos por todos os rebeldes, também pelos desconfortáveis. Não,

---

9. Giovanni Gentile (1875–1944) foi um filósofo, político e educador italiano. Autointitulado o filósofo do fascismo, forneceu base intelectual para o fascismo italiano, e escreveu, sob pseudônimo, *A doutrina fascista*, com Mussolini.

10. Autores que defenderam posicionamentos nazistas.

não é ele o fascismo. Não é portanto que por defendermos sua revolta pessoal possamos titubear em nossa visceral aversão ao fascismo. Na verdade, muitas vezes, identificando-nos com essa defesa isolada, atraídos pelo caso da coragem e do empenho individual, confundimos ainda mais nossas ideias e as daqueles que nos ouvem, provocando inúteis tempestades em copos d'água.

As palavras nos matam se não prestarmos atenção.

Para o poder, o fascismo nu e cru, tal como se concretizou historicamente em períodos históricos e em regimes ditatoriais, não é mais um conceito político praticável. Novos instrumentos irrompem na soleira da prática gestionária do poder. Deixemo-lo portanto aos dentes aguçados dos historiadores, que o mastiguem conforme lhes aprouverem. Também como injúria, ou acusação política, o fascismo está fora de moda. Quando uma palavra é usada em tom depreciativo por aqueles que gerem o poder, não podemos fazer uso igual. E como essa palavra e o relativo conceito nos enojam, seria bom colocar um e outro no sótão dos horrores da história e não pensar mais nisso.

Não pensar mais na palavra e no conceito, não no que este e aquela significam mudando a roupagem lexical e a composição lógica. É sobre isso que temos que continuar a refletir para nos prepararmos para agir. Olhar hoje ao redor à caça do fascista pode ser um esporte prazeroso, mas pode também esconder a inconsciente intenção de não querer caminhar a fundo na realidade, por trás da densa teia de um tecido de poder que se torna sempre mais complexa e difícil de interpretar.

Compreendo o antifascismo. Sou eu também um antifascista, mas os meus motivos não são os mesmos de tantos outros que ouvi no passado e continuo a ouvir ainda hoje, ao definirem-se antifascistas. Para muitos, há vinte anos, o fascismo devia ser combatido onde estava o poder. Na Espanha, em Portugal, na

QUE FAZEMOS DO ANTIFASCISMO?

Grécia, no Chile, etc. Quando, nesses países, ao velho regime fascista sucedeu o novo regime democrático, o antifascismo de tantos ferocíssimos opositores se apagou. Naquele momento, notei que meus velhos companheiros de estrada tinham um antifascismo distinto do meu. Para mim não havia mudado muita coisa. Aquilo que fazíamos na Grécia, na Espanha, nas colônias portuguesas e nos outros países, poderia ser feito mesmo depois, mesmo quando o Estado democrático havia levado a vantagem, herdando as glórias passadas do velho fascismo. Mas nem todos estavam de acordo.

Compreendo o velho antifascista, a "resistência", as memórias da montanha e todo o resto. É preciso saber escutar os velhos companheiros que recordam suas aventuras, tragédias, os tantos mortos assassinados pelos fascistas, a violência e todo o resto. "Mas, ainda disse Tolstói, o indivíduo que desempenha um papel nos acontecimentos históricos nunca compreende seu significado. Se tenta compreendê-lo, torna-se um elemento estéril". Compreendo menos aqueles que, sem terem vivido essas experiências e portanto sem se verem forçosamente prisioneiros daquelas emoções de meio século atrás, emprestam explicações que não têm razão de ser e que frequentemente constituem uma simples fachada para se qualificarem.

— Eu sou antifascista! Eles jogam na minha cara a afirmação como uma declaração de guerra, e você?

Neste caso me vem quase sempre a espontânea resposta — Não, eu não sou antifascista. Não sou antifascista do mesmo modo que você. Não sou antifascista porque combatia os fascistas em seus territórios enquanto você estava aconchegado no calor da democrática nação italiana, a qual nem por isso deixava de eleger o governo dos mafiosos do Scelba, do Andreotti e do Cossiga.[11] Não sou antifascista porque continuei a combater a democracia que havia substituído aqueles fascismos de novela, empregando meios de repressão mais modernos e, por conseguinte, se quisermos, mais fascistas do que o fascismo que lhe havia precedido. Não sou antifascista porque ainda hoje procuro identificar o atual detentor do poder e não me deixo deslumbrar pelo rótulo e pelo símbolo, enquanto você continua a dizer-se antifascista para ter justificativa para ir às ruas esconder-se por trás de uma faixa onde está escrito "abaixo o fascismo!". Claro, se eu tivesse mais que meus oito anos à época da "resistência", talvez eu também estaria agora abatido pelas memórias e antigas paixões jovens e não seria tão lúcido. Mas penso que não. Porque, se bem se escrutinam os fatos, mesmo no amontoado confuso e anônimo do antifascismo de formação política, havia aqueles que não se adequavam, que se excediam, que continuavam, que insistiam indo muito além do "cessar fogo!". Porque a luta, pela vida e pela morte, não se dá somente contra o fascista de ontem ou de hoje, aquele que veste a camisa negra, mas também e fundamentalmente contra o poder que nos oprime, com todas as suas estruturas de sustento que o tornam possível, também quando este poder se veste de hábitos permissíveis e tolerantes da democracia.

---

11. Mario Scelba, Giulio Andreotti e Francesco Cossiga, políticos da Democracia Cristã, partido italiano fundado em 1943, por Alcide De Gasperi. Junto a Robert Schuman, um dos fundadores do Movimento Republicano Popular, partido democrata cristão francês, e Konrad Adenauer, presidente da União Democrata-Cristã, da Alemanha, Alcide fundou a Comunidade Europeia do Carvão e do Aço (CECA), a qual desembocou na União Europeia e que lhes rendeu o título de "pais da Europa". Visavam reconstruir uma Europa pacífica legitimando o Estado pós-guerra por meio da garantia do exercício das liberdades econômicas. O Partido Social-Democrata da Alemanha só aderirá a essa alternativa ao capitalismo na década de 1950, renunciando ao projeto de socialização dos meios de produção e defendendo o direito do Estado de proteger a propriedade privada.

QUE FAZEMOS DO ANTIFASCISMO?

— Mas agora, podem dizer subitamente — qualquer um poderia replicar, pegando-me desprevenido, — também é você um antifascista! E como poderia ser de outro modo? É um anarquista, logo, é antifascista! Não nos canse com as suas distinções.

E, ao invés, eu penso ser útil distinguir. O fascista jamais me agradou e, consequentemente, o fascismo como projeto, por outros motivos, os quais, quando aprofundados, resultam nos mesmos motivos pelos quais jamais me agradaram o democrático, o liberal, o republicano, o gaullista, o trabalhista, o marxista, o comunista, o socialista e todos os outros. Contra eles, tenho oposto não tanto o meu ser anárquico, mas o meu ser distinto e portanto anárquico. Primeiro de tudo, a minha distinção individual, o meu modo pessoal, meu e de nenhum outro, de entender a vida, de compreendê-la e, por conseguinte, de vivê-la, de provar as emoções, de pesquisar, examinar, descobrir, experimentar, amar. Dentro deste meu mundo permito o ingresso unicamente daquelas ideias e daquelas pessoas que me agradam, do resto mantenho distância, de maneira boa ou ruim. Não me defendo, mas ataco. Não sou um pacifista e não espero que o nível de alerta seja ultrapassado, procuro eu tomar a iniciativa contra todos aqueles que, mesmo potencialmente, podem constituir um perigo para o meu modo de viver a vida. E deste modo de vida faz parte também a necessidade, o desejo dos outros. Não dos outros enquanto entidade metafísica, mas dos outros bem identificados, daqueles que têm afinidade com aquele meu modo de viver e ser. E esta afinidade não é estática, selada de uma vez por todas, mas dinâmica, se modifica e cresce, se alarga gradualmente mais e mais, chamando outras ideias e outros homens ao seu interior, tecendo um tecido de relações imenso e heterogêneo, onde contudo a constante que resta é sempre aquela do meu modo de ser e de viver, com todas as suas variações e evoluções.

ANTIFA

Atravessei em cada direção o reino dos homens e até agora não compreendi onde poderei pousar com satisfação a minha ânsia de conhecimento, de distinção, de paixão perturbadora, de sonho, de amante enamorado do amor. Em toda parte vi potencialidades imensas se deixarem esmagar pela inaptidão e pela pouca capacidade de florescerem no solo da constância e do empenho. Mas até onde floresce a abertura para o diferente, para a disponibilidade de penetrar e ser penetrado, até onde não há medo do outro, mas consciência dos próprios limites e da própria capacidade, portanto, aceitação dos limites e da capacidade do outro, há afinidade possível, possível sonho da façanha conjunta, duradoura, eterna, para além de uma aproximação humana contingente.

Movendo-me para fora, para territórios sempre mais distantes daquele que descrevi, a afinidade se devanesce e desaparece. E eis os estranhos, aqueles que portam os próprios sentimentos como decoração, aqueles que exibindo os músculos fazem de tudo para parecerem fascinantes. E, ainda mais longe, os sinais do poderio, os lugares e os homens do poder, da vitalidade compulsiva, da idolatria que aparenta mas não é, do incêndio que não queima, do monólogo, da balela, do ruído, do útil que tudo mensura e tudo pesa.

É daqui que me mantenho distante e este é o meu antifascismo.

Anotações: querem nos fazer desejar seu governo e o porquê não vamos cair nessa provocação

MATHEUS MARESTONI

Vivemos em uma época de miséria. Todo Estado está comprometido com a reprodução constante da miséria. E aqui não me refiro apenas à fome, miséria e morte que o capitalismo e o Estado produzem há séculos. Se trata também de uma miséria de vida, do extermínio das experimentações de modos de vida que escapem ao *modelo* racista e misógino, que no chamado Ocidente, é baseado no macho, branco, adulto, heterossexual e burguês. Desse modo, ainda quando ocorrem pequenos ajustes nas formas de governo, seja ele democrático ou totalitário, os alvos continuam sendo os mesmos, variando apenas a intensidade: pessoas pretas ou indígenas, pobres, periféricas, mulheres, trans, imigrantes, anarquistas, insurrectas, aquelas que experimentam outras formas de se relacionar afetiva e sexualmente.

A matança não para. Na contemporaneidade, sob o argumento de manter a ordem pública e garantir as regras democráticas e a legalidade, há um investimento constante no armamento policial, na atualização das leis e na aplicação de dispositivos legais. Nas ruas, movimentos *democráticos* buscam manter a separação entre os manifestantes chamados de pacíficos, que exercem seu "direito democrático e legal de liberdade de expressão e manifestação", e os considerados vândalos, violentos e criminosos, que devem ser esmagados pois não respeitam as regras da democracia.

O discurso da defesa da democracia e das instituições que atravessa a esquerda e a direita é inseparável do clamor por mais segurança, mais polícia, mais investigação. E mesmo os setores da extrema direita que atacam as instituições o fazem sob o argumento de manter a ordem, de "punir os corruptos", de combater um fantasma comunista que surge debaixo de suas camas para assustá-los sempre que a luz se apaga. Pede-se por mais polícia, mais leis, mais castigo, mais punição. E o sangue jorra sem parar.

NÃO COMEÇOU EM 2019. É O ESTADO E O CAPITALISMO, ESTÚPIDO...

Nos últimos meses, ainda que em meio a uma pandemia do coronavírus, grupos autônomos, principalmente os ligados às torcidas organizadas, decidiram sair às ruas para repudiar as manifestações bolsonaristas que aconteciam quase que semanalmente. A partir daí, a família tradicional brasileira já não pôde mais exaltar tranquilamente a tortura, o militarismo, o nacionalismo e o extermínio. E não demorou até que os olhos se voltassem para os contra-atos antifascistas, inicialmente diminutos, mas bastante potentes que em cidades como Porto Alegre, São Paulo e Belo Horizonte conseguiram impedir ou atrapalhar as caravanas bolsonaristas. Conforme elas foram crescendo, a repressão pelas polícias que sabidamente apoiam o governo federal se intensificou. Pessoas foram presas por estarem em uma manifestação não autorizada e a extrema direita passou a fazer campanha para que se enquadrasse o movimento antifa como uma organização terrorista. E a pergunta que muitas pessoas se fazem é: como chegamos até este ponto?

Pergunta pertinente, que requer algumas considerações, ainda que provisórias. É necessário levarmos em conta que a emergência da extrema direita não ocorreu do nada, esse banquete de armas, fardas, leis e prisões, em suma, o aparato repressivo e de terrorismo de Estado foi se construindo nos últimos anos. O governo mudou, as peças foram invertidas e trocadas, mas o tabuleiro é o mesmo. Os convidados podem mudar, mas o jantar permanece, e funcionários fardados de camuflado ou de camisetas amarelas servem, à sangue frio, as mesas carregando bandejas com cabeças e cálices com sangue ainda quente. Sangue de preto e de pobre. Sangue de gente. Corpos exterminados pelo racismo de Estado, que não para de matar.

A emergência da extrema direita, que tem seu marco visível na eleição de Jair Bolsonaro, não ocorreu do nada. O cidadão brasileiro médio não se tornou autoritário do nada. A polícia não se tornou uma máquina de matar do nada. E aqui não se trata de buscar uma relação de causa e efeito, de uma história linear. Por isso mesmo, não há como instaurar uma origem, um ponto zero de onde haveriam emergido as forças de extrema direita. O que proponho aqui é exatamente o contrário: evidenciar quais são as procedências, quais foram as estratégias adotadas nos últimos anos que abriram campo para que isso fosse possível. E o pior: para que isso se tornasse desejável para alguns, que não apertam o gatilho, mas aplaudem o fato de haver mais um corpo estendido no chão.

A análise começa a tomar corpo quando, por exemplo, olhamos para o modo pelo qual se lidou com as manifestações na última década no país durante o governo de esquerda do Partido dos Trabalhadores (PT). Parêntese: aqui é importante reforçar que não se trata de um juízo moral sobre *este* ou *aquele* governo, mas de evidenciar o funcionamento do Estado enquanto máquina de matar. Voltando à análise sobre a repressão aos movimentos nos últimos anos no território conhecido como Brasil, não se tratava de acabar com todo e qualquer movimento social. A cova cavada pelo Partido dos Trabalhadores nesse contexto tinha um alvo: as revoltas populares, as vidas consideradas matáveis, as pessoas negras, indígenas, pobres e periféricas, a tática do bloco negro, anarquistas, os grupos e militantes que não aceitavam abaixar a cabeça nem por terem uma ameaça de uma arma apontada e nem pela possibilidade de participar da gestão do Estado. Foi a tentativa de silenciar a revolta que explodiu durante o mês de junho de 2013. Ao contrário do que se tenta colar, as revoltas recentes no território conhecido como Brasil não foram responsáveis pelo crescimento do fascismo brasileiro e aqui não há juízo de valor acerca de 2013, não se trata de dizer se foi bom ou ruim. O que ocorreu foi exatamente o inverso: a emergência da extrema direita é parte de uma reação conservadora às práticas de liberdade produzidas durante aquele acontecimento insurrecional.

Em meio à revolta que tomou as ruas havia uma profusão de forças, incluindo anarquistas, autonomistas, comunistas de partido ou não, entre outras. Inclusive algumas forças de extrema direita, ainda que em menor número. E o enfrentamento se dava nas ruas, seja com a polícia, seja com indivíduos isolados que apareciam com a bandeira do Brasil enrolada no pescoço e eram recebidos com cantos como "nacionalismo é o caralho este país é racista e sanguinário", "essa bandeira mata índio" e "um patriota, um idiota". E no calor da insurreição, a esquerda institucional, na tentativa de governar as ruas, instaurou um discurso governamental de ataque aos grupos que não se submetiam aos ditames institucionais.

Não esqueceremos de afirmações canalhas como a de uma *filósofa-polícia* que, durante um seminário ministrado para policiais militares do Rio de Janeiro, disse que praticantes da tática do bloco negro eram fascistas. Esse argumento proferido por ela reforça a continuação dos inquéritos policiais que buscam investigar e punir as pessoas envolvidas em casos de depredação e enfrentamento com a polícia.

QUEREM NOS FAZER DESEJAR SEU GOVERNO

O clamor por democracia, inseparável da segurança, foi e continua sendo responsável pela perseguição e criminalização dos 23 militantes do Rio de Janeiro; pelas prisões entupidas com os mais de 700 mil presos, obviamente todos presos políticos, incluindo Rafael Braga, condenado em 2013 mesmo após ter sido provado que o "material explosivo" portado por ele na verdade era uma garrafa de Pinho Sol; por inquéritos como o aberto em São Paulo em 2013, chamado ardilosamente de "inquérito *black bloc*", que possibilitou que a polícia realizasse conduções coercitivas para que as pessoas fossem obrigadas a prestar depoimento no DEIC; pela operação Érebo, no sul do Brasil, onde espaços anarquistas e autonomistas foram invadidos pela polícia, casas vasculhadas e livros utilizados como provas de um suposto envolvimento de pessoas em ações insurrecionais e ataques a delegacias e viaturas. É o clamor por segurança que abre-alas para as ocupações militares nas favelas cariocas; que permitiu a aprovação da lei antiterrorismo e suas possíveis atualizações. E para evitar qualquer equívoco, ressalto aqui: todos esses casos e tantos outros ocorreram bem antes de 2019 em nome da democracia e das instituições, em pleno esplendor do chamado Estado Democrático de Direito.

Tenha o governo a coloração partidária que for, acompanhado ou não de direitos sociais e discursos retóricos apresentados nas cortes internacionais, no governo da população a voz do Estado aparece no estalar do cassetete, no corte da espada, no estouro da bomba, no arranhar das grades das prisões, nos barulhos de tiros que acertam cotidianamente pretos e pobres, da violência da farda, do terrorismo dos fuzis das ironicamente chamadas "forças pacificadoras". E frente ao extermínio cotidiano, *a plateia aplaude e ainda pede bis.* Essa é a violência aceita, já que ela tem como justificativa reestabelecer a ordem e a paz. Como afirmou certa

ANTIFA

vez Mikhail Bakunin, o Estado "tem para si todo o direito da força, o argumento triunfante do fuzil".

Quanto a isso, nenhuma novidade, e o jogo segue sem espanto. O valor que atravessa a sociedade contemporânea é a segurança, expressa no exercício de governo como pacificação das lutas. Não mais enquanto cessar da guerra explícita, mas como moderação das forças. Assim, garante-se a segurança da lei e da ordem, mesmo que para isso a polícia tenha de romper protocolos e burlar leis. É a afirmação foucaultiana de que a polícia é o golpe de Estado permanente, pois atua em função dos princípios de sua própria racionalidade, sem ter de se moldar segundo as regras da justiça e as normas da lei. Seu exercício imediato e cotidiano extrapola constantemente as limitações e os regramentos legais e legítimos, em nome do Estado e das instituições.

Nas últimas décadas, a democracia deixou de ser apenas um regime político e se tornou um valor absoluto. Entre as procedências desse deslocamento está a Declaração Universal dos Direitos Humanos (DUDH), lançada em 1948, logo após a chamada Segunda Guerra Mundial, com o objetivo de conter o avanço do socialismo, entendido pelos liberais que a escreveram como mais uma forma de totalitarismo. Inclusive os golpes de Estado posteriores, sobretudo no sul do continente americano, tinham como discurso resguardar as instituições democráticas das ameaças externas (revoluções e levantes que ocorriam naquela época em diferentes localidades) e internas (ligas camponesas, lutas dos sindicatos, entre outras). Para que o modelo Estado continuasse existindo, foi necessário que houvesse uma reconfiguração do liberalismo para uma prática política que tivesse como norte a característica de matar aqueles que colocassem em risco *uma certa forma de vida* e que espalhasse os valores democráticos moderados, a pacificação constante dos conflitos internos, dos enfrentamentos revolucionários, das revoltas, das insurreições.

Somou-se, então, aos dispositivos de segurança (formados pelos braços diplomático-militar e de polícia), o estímulo à participação no governo por meio de aglutinação enquanto sociedade civil organizada e a disseminação de condutas moderadas. A prática da soberania moderna, que visava a conquista cada vez maior de território e a aplicação da lei estipulando o legal e o ilegal, o permitido e o proibido, ou seja, o obrigatório e o proibido, é reconfigurada na ação de manter a qualidade da população, garantir a *segurança* das instituições e a regulação dos conflitos extremos. Emerge uma relação de governo própria da racionalidade neoliberal, mais elástica, em que se visa assimilar as práticas consideradas insuportáveis para edulcorá-las e trazê-las *para dentro*, torná-las aceitáveis ao neutralizar sua radicalidade. É um esforço para neutralizar as práticas radicais ao englobá-las nas organizações da *sociedade civil*.

A tentativa de aniquilação das atitudes contestadoras por parte do Estado e da sociedade não são feitas mais somente com o uso da violência explícita. A guilhotina, o garrote, a bala e o cassetete, que durante dois séculos cortaram pescoços, enforcaram, estouraram cabeças e marcaram a pele das pessoas consideradas como perigosas e anormais, passam a ser acompanhadas de uma edulcoração própria da racionalidade neoliberal, da luta pela democracia e dos direitos. Tal como a política é indissociável da guerra, a assimilação é uma forma de aniquilação própria da racionalidade democrática e neoliberal. Simultaneamente à criminalização, há um processo de assimilação das práticas radicais, transformando-as em palavras-chave com o objetivo de pacificar, por meio da neutralização, o enfrentamento ao exercício da soberania e do governo. É a tentativa incessante de levar para as instituições aqueles que são considerados radicais, transformando-os em lideranças para manter o bom funcionamento do governo, para manter tudo como está. Descarta-se elementos que podem ameaçar o capitalismo e o funcionamento do governo.

É nesse sentido que o Estado democrático de direito apresenta uma imagem de *tolerância* das diferenças configurado em políticas públicas e direitos de minorias. E aqui cabe um aparte: tolerância nada tem a ver com o apreço pela diferença, pelas diferentes culturas, pelos diferentes corpos, pelos diferentes *modos* de vida. Não há sequer possibilidade de reciprocidade. A lógica da tolerância é sempre hierárquica e, portanto, requer submissão. Ser tolerante com o outro é inferiorizá-lo, é colocá-lo em uma posição na qual existe apenas a partir do "eu" que tolera. Sem contar que aquilo que se tolera, se tolera até um certo ponto. E no caso das existências que escapam ao *modelo* de vida racista e misógino, quando esta linha do *tolerável* é ultrapassada, quando a moral judaico-cristã, o capitalismo e a segurança das instituições são postas em risco por uma prática desconcertante, avassaladora e inventiva, o extermínio se explicita. É o argumento da família tradicional brasileira: "não sou contra", "mas andar de mãos dadas já é demais". O indivíduo racista, por exemplo, é obrigado a *tolerar* os demais, mas isso não faz dele menos racista. O homofóbico *tolera* as relações que não são heterossexuais, mas isso não faz dele menos homofóbico. E nesse sentido, a lógica da tolerância, essa retórica que atravessa a democracia como *valor* e não mais apenas como um regime político, não garante a existência de *diferentes* modos de vida. Ela apenas mascara os espancamentos, os estupros, os assassinatos e demais violências ao enquadrá-los como um desvio à própria lógica democrática. E, por fim, quando viramos o argumento às avessas, a democracia sempre se mostrou muito mais *tolerante* com o fascismo do que querem nos fazer acreditar. Contra o fascista, nada mais plausível do que nós sermos *intolerantes*. Não há pacificação, é preciso explicitar: são inimigos e ponto final. Não há floreios e nem eufemismos.

Feito esse aparte, voltamos à questão do Estado democrático de Direito. Essa forma de governo se mostra como *tolerante* com as chamadas minorias. Todavia, a contrapartida exigida é a *moderação*. As relações não heterossexuais só são *toleradas* pelo Estado quando mantêm o modelo de família burguesa, quando não o colocam em xeque; as diferentes comunidades negras e indígenas são *toleradas* contanto que não reivindiquem a autonomia de territórios como quilombolas e aldeias indígenas, bem como os saberes ancestrais das várias etnias se mantenham como algo inferior em relação à ciência eurocêntrica. Isso sem falar de como os elementos dessas diferentes culturas são embranquecidos e transformados, de maneira racista, em um folclore estereotipado que compõe a tal *cultura brasileira*. Todavia, é necessário ressaltar que essa *tolerância* não impede o sangue de continuar escorrendo. O extermínio dos povos indígenas nunca acabou neste território hoje chamado Brasil; as pessoas que mais morrem nas mãos da polícia e que são encarceradas são as pretas e pobres; aqui é o país onde mais se assassina pessoas trans; os casos de estupro e espancamentos de mulheres não cessam.

QUEREM NOS FAZER DESEJAR SEU GOVERNO, MAS NÃO VAMOS CAIR NESSA PROVOCAÇÃO

O que se modifica, então, com a onda crescente de governos de extrema direita pelo planeta, sobretudo no Brasil? O envoltório adocicado dos direitos reconhecidos pelo Estado, essa *tolerância* que acompanha o extermínio enquanto seu duplo-complementar, vai desaparecendo aos poucos. Com isso, é evidenciada a continuidade das prisões, das mortes, das torturas, do investimento em armamento, da atualização das leis, da judicialização das lutas e do racismo inerente a todo e qualquer Estado, tudo em nome da segurança das instituições.

Ocorre uma legitimação dos discursos racista, nacionalista e misógino. E para notar isso não é necessário sequer ter um olhar muito apurado e nem acompanhar uma certa intelectualidade acadêmica "iluminada" que busca explicar o mundo para nós, simples mortais, e dizer o que temos de fazer. Basta caminhar pelas ruas e observar... Em uma tarde de domingo, neonazistas foram filmados andando tranquilamente pela principal avenida da cidade de São Paulo com suas camisetas decoradas com suásticas; bandeiras de um grupo neofascista ucraniano foram penduradas em um carro de som durante uma manifestação em apoio ao presidente da república, bem como faixas pró-intervenção militar e a favor do AI-5; homenagens a torturadores das ditaduras civis-militares sul-americanas e declarações racistas feitas por ministros de Estado endossadas pelo presidente da república; isso sem falar do vídeo oficial do governo no qual Roberto Alvim, então ministro da cultura, se baseia em um discurso do ministro de propaganda nazista Joseph Goebbels. E as declarações do presidente e de seus apoiadores é a de que seriam *fake news* ou que tudo não passou de um mal entendido.

Nesse contexto, o termo antifascista se tornou central nas discussões, nas reportagens jornalísticas e manifestações de rua, na maioria das vezes colado com a defesa de práticas democráticas, localizando e restringindo o fascismo *neste* ou *naquele* governo. No campo das lutas que eclodiram no Brasil sob o guarda-chuva do antifascismo, enquanto alguns coletivos e individualidades decidiram ir às ruas para impedir as manifestações de extrema direita, se dispondo inclusive ao risco de um enfrentamento físico com grupos fascistas, parte da esquerda tenta puxar iniciativas como a constituição de uma frente única pelas liberdades democráticas.

QUEREM NOS FAZER DESEJAR SEU GOVERNO

Tais iniciativas passam também pela unidade com empresários e partidos de centro (direita) para constituir uma oposição ao governo bolsonarista. E o mais importante dentro desse discurso: seria preciso construir uma oposição forte, um candidato para disputar as eleições e "combater" o fascismo nas urnas.

E, assim, grupos de esquerda tentam transformar as manifestações antifascistas de rua, que se iniciaram de maneira autônoma, em plataforma para seus futuros candidatos ou candidatas. "É preciso evitar o enfrentamento", dizem eles, "é preciso mostrarmos que somos superiores", "que somos pacíficos", "que somos democráticos", "é preciso conter os infiltrados" seja com a força física, seja pela *alcaguetagem* ou pela captura e entrega direta para as mãos da polícia. A tentativa de conter a potência das ruas pelo medo de perder o governo dos movimentos foi tamanha que dirigentes de tais frentes democráticas "populares" e "sem medo" sentaram em uma mesa com a polícia paulista e os grupos de extrema direita para, *democraticamente*, acordar um rodízio no uso de uma grande avenida da cidade de São Paulo. Um dia dos fascistas, um dia dos democráticos. Mais um dia dos fascistas, e outro dos democráticos. Seria uma nova forma de pacto de governabilidade? Tudo em nome da santíssima trindade segurança, ordem e paz, amém! E o sangue escorre sem parar...

Tal unidade atua como um moderador das forças envolvidas, que acaba por manter intactos o princípio da autoridade e o capitalismo. Busca-se canalizar a força das ruas para as instituições, o que implica em dirigir, conduzir, cercar, constituir barreiras para evitar que essa força vaze de seu governo ou à sua programática. É a tentativa de colar o argumento de que a única maneira de combater o fascismo é clamando por mais democracia. Apaga-se que foi justamente essa defesa incondicional da democracia que permitiu a emergência e eleição de um governo de extrema direita. Com isso, tentam transformar o que seria o enfrentamento aberto às forças fascistas em uma defesa do Estado, em um movimento de atualização do sistema político com a criação de novos protagonistas, com o argumento de quiçá, na próxima eleição, instaurar um governo *verdadeiramente popular*. E as lutas anarquistas explicitam, há mais de dois séculos, como escreveu Bakunin, que com o discurso do governo popular se "esconde o despotismo da minoria dirigente, mentira ainda mais perigosa por ser apresentada como a expressão da pretensa vontade popular".

Nenhuma novidade nisso, já que a função do líder, seja ele tradicional ou um coletivo de líderes, é justamente a de agrupar indivíduos que se encontram dispersos. E o que se procura é a constituição de lideranças para serem recrutadas. Parte das figuras que eram categorizadas como anormais, desviantes, passam a ser assimiladas nos movimentos democráticos, em projetos para se construir políticas públicas ou até mesmo para se qualificarem enquanto formadores de líderes locais. O que se almeja é tornar-se cidadão, parte constitutiva da *sociedade civil organizada* que participará da cogestão do Estado com seus representantes.

Essa fusão *frenteamplista* fez com que aparecesse, neste território atualmente chamado de Brasil, inclusive figuras como a dos empresários multimilionários "antifascistas", preocupados com as *causas sociais*, mas que parecem esquecer (ou nos fazer esquecer) que não existe garantia da propriedade privada sem extermínio, que suas fortunas são produzidas com a miséria de milhares, se não milhões de pessoas. Assim como também a do "policial antifascista", a reconfiguração do já conhecido *good cop,* que aparentemente possui *bom coração,* se diz não racista, se apresenta como uma pessoa *de luta,* mas continua vestindo uma farda suja de sangue e mantém o orgulho da instituição na qual *serve* cotidianamente. E até mesmo a do "editor progressista", que no primeiro piscar dos olhos, afaga figuras fardadas para manter sua fatia de mercado. É só *money, business*, brilho e palanque.

Tomo a liberdade de fazer mais um parêntese: não existe polícia antifascista. E caso algum se sinta atravessado pela luta antifascista, o que parece bastante improvável, que comece por abandonar a corporação e queimar a própria farda. A luta contra o fascismo, entendida aqui como a luta pela ampliação das práticas de liberdade, se inscreve no corpo, se faz presente em nossas relações. Ou será antiautoritária e anticapitalista ou não será. Não se esgota em uma fala ou em um texto, mas toca a maneira como nos relacionamos com os outros e com nós mesmos. E nessa luta, deste lado da barricada, gostem ou não, não há espaço para capitalistas; para chefes de Estado; pequenos *chefinhos*, que tentam governar tudo que a luz toca; para autoritários de todas as colorações partidárias; e muito menos para a polícia, tenha ela o nome de desmilitarizada, civil, humana ou demasiadamente humana.

A LUTA CONTRA O FASCISMO É UMA LUTA ANTIAUTORITÁRIA E ANTICAPITALISTA

Restringir o fascismo a um regime político ou um tipo de gestão do Estado é um equívoco, pois sua ação vai muito além do ajuste nos discursos e dos cortes nos chamados direitos sociais. O fascismo contemporâneo não é apenas uma atualização de regimes históricos, como o fascismo italiano, nazifascismo alemão ou o franquismo espanhol, mas uma série de práticas autoritárias e hierárquicas, racistas, misóginas, homofóbicas e nacionalistas. Ao o entendermos não apenas como um regime político ou como a configuração de um governo, mas como um *modelo* de vida, não há como limitar nossa ação ao discurso democrático e institucional.

Vivemos em uma era onde é preciso dizer o óbvio e muitas vezes agir conforme o que dizemos abre espaço para que sejamos taxados de *barulhentos*, *radicais* e, portanto, numa era que pede *moderação*, de estarmos fazendo o jogo do inimigo. Ainda assim, é urgente reafirmar: não basta se dizer antifascista, é necessário ser antiautoritário, anticapitalista, contra o sistema penal e contra todas as formas de governo, pois como os libertários enunciam há tempos, o contrário de fascismo não é a democracia, mas a liberdade. Não se trata de democratizar ou ampliar o leque das formas de relação burguesas. É preciso abolir a família enquanto instituição, é preciso combater o princípio da propriedade. É preciso pensar em outras modos de vida que não passem pela lógica do dinheiro, que não se baseiem nas hierarquias e nas relações de dominação. Não basta apenas não querer obedecer: é preciso também não querer mandar.

E, sendo assim, essa luta pela ampliação das práticas de liberdade acaba passando, invariavelmente, pela potência do anarquismo, entendido aqui não como uma doutrina filosófica e uma filiação política, mas, de acordo com Alfredo Bonanno, como uma tensão direta contra os poderes ou contra o exercício de governo. Governo não apenas de Estado, mas das condutas de todos e de cada um. Como afirma um texto intitulado *Nuestra única propuesta es el conflito*, publicado em 2014 de maneira anônima na região do Rio da Prata, "a tensão contra o Poder, contra as relações autoritárias, não acabará com a queda de nenhum sistema em particular. Concebemos a anarquia como algo presente, como essa sublime tensão que temos contra o Poder".

A prática anarquista é, então, um ataque permanente. É o que desvela a pacificação na qual a política contemporânea se funda. Não há distinção entre vida e prática insurrecta, entre o combate ao fascismo e as relações que se estabelecem no cotidiano. A tensão anarquista combate a lógica "democrático-conciliadora de nosso tempo", explicita o enfrentamento entre forças e não se submete ao estímulo para a realização de *denunciar* este ou aquele governo, esta ou aquela instituição. Combater o fascismo e ampliar a liberdade implica entender tal luta como um enfrentamento entre *modos de vida* que buscam ampliar a liberdade e um *modelo de vida* único, baseado no padrão macho, branco, heterossexual e rico, que busca aniquilar toda e qualquer experimentação que coloque a sua moral em risco.

De nada adianta combater *aquela* figura de autoridade se agimos com base no *princípio* da autoridade, assim como não faz sentido destruir *aquela* propriedade se ainda nos relacionamos com base no *princípio* da propriedade. Nenhum governo irá te salvar, nem qualquer *messias*, tenha ele cabelos longos, barba ou farda, fale ele do reino dos céus, de revolução ou de ordem e moralidade. A democracia foi e é muito mais conivente com o fascismo do que pode parecer à primeira vista, ela mais o abraça do que o combate. A constituição não vai nos proteger. A paz não existe, ela é só um nome que se dá para a manutenção do extermínio, e se um dia ela existiu, como diz o poeta, ela está morta e desfigurada no IML.

E o sangue, esse não para de ferver e de jorrar...

Adverte-se aos curiosos que se imprimiu este livro em nossas oficinas, em 3 de
setembro de 2020, em tipologia Libertine, com diversos sofwares livres, entre eles,
LuaLATEX, git & ruby.
(v. 60b196d)